D0355745

CENT PRIÈRES POSSIBLES

Espaces libres

ANDRÉ DUMAS

CENT PRIÈRES POSSIBLES
POSSIBLES

Préface d'Olivier Abel

Albin Michel

Première édition :

Éditions Cana, 1988

Pour la présente édition :

© Éditions Albin Michel, S.A., 2000
22, rue Huyghens, 75014 Paris

www.albin-michel.fr

ISBN 2-226-12056-4
ISSN 1147-3762

pour Francine Moussu

Préface

André Dumas est de ceux qui toujours ont encouragé la confiance en la parole, et les *Cent prières possibles* en sont une belle attestation. Il avait une telle aptitude à faire vibrer la parole, celle qui vient du trésor langagier accumulé par les myriades de paroles passées et possibles, qu'il libérait la parole commune. Mais qu'est-ce qui libérait ainsi sa propre parole ? Et comment ces prières ont-elles été composées ? D'un coup sans doute, comme si les mots lui avaient « tendu la main »[1]. André savait construire un discours en ne se fondant que sur quelques mots tirés au hasard du dictionnaire. Un très proche m'a raconté qu'il se serait enfermé une semaine dans un hôtel africain, et en serait revenu avec ce recueil, ce jet, cette parole une et nue comme une âme. C'est pourquoi ces prières rejoignent le parler, un parler aussi simple que le pain quotidien, auquel ces pages font si souvent allusion. André avait une telle expé-

---

1. Les guillemets indiquent toujours des citations tirées du livre.

rience de l'angoisse, entre l'absurdité d'un monde trop injuste et la plainte de devoir mourir, qu'il rayonnait paradoxalement d'une insouciance et d'une confiance incomparables. Son anxiété, ce profond souci intérieur qui le caractérisait, n'avait d'égal, au moment de passer à l'acte et à la parole, que son abandon, sa capacité au bonheur.

Bonheur d'expression, quand il décrit les années accumulées comme autant de retards, ou les humains au langage de colombe qui « ne desserrent pas leurs pattes de vautour », ou encore nos monocultures religieuses qui manquent à laisser pousser aussi l'ivraie. Quand il se reproche de vouloir en spectateur une Église qui lui offre tout ce qu'il ne lui apporte pas, ou qu'il demande à Dieu si, en parlant d'amour, lui et nous, on parle bien de la même chose. Quand il écrit que des autres, « nous connaissons mieux leurs refrains que leurs chansons ». Bonheur de bénir l'existence des « bons », et de maudire ceux qui dominent si naturellement, « si gentiment » les autres. Bonheur de sourire avec le philosophe Wittgenstein, qui avoue ne pouvoir prier parce que ses « genoux sont trop raides » et qu'il aurait peur de se ramollir. Bonheur de demander inlassablement que l'élection de l'un ne signifie pas l'exclusion de l'autre, jusqu'à remettre en cause l'élection, si elle consiste en plus à « récompenser ceux qui ont la chance d'être à l'aise avec eux-mêmes ». Bonheur magnifique d'oser demander à Dieu de nous délivrer du zèle amer, afin que le fils aîné, celui qui a toujours servi son père, à la différence de son frère prodigue, recouvre sa joie et son honneur.

La prière d'André est à chaque fois une parole d'honneur. Non une parole qui cherche les honneurs, ou qui tente de gagner les faveurs d'un Dieu capricieux, mais une parole qui cherche à honorer, à reconnaître quelque chose qui n'avait jamais été reconnu, à autoriser quelque chose qui jamais n'avait été exprimé. On retrouve là le ton des *Confessions* d'Augustin, qui, cherchant à se placer entièrement devant Dieu, ose montrer ce que l'on préférerait, en toute moralité, mettre au rebut. Ce genre de parole qui nous invite à nous honorer les uns les autres, à « deviner et réaliser » l'honneur dont chacun « a besoin ». Elle nous fait voir ce que nous refusons souvent d'accepter, comme l'étonnant « cynisme » de Dieu. Elle nous invite à respecter les hésitants là où priment les enthousiastes, à écouter la sagesse de la soumission apparente là où tonitrue trop aisément la prophétie libératrice. Elle ouvre à l'expression des sentiments inexprimés, car si la faute existe, nos vies sont troublées de « tant de choses qui ne sont pas des fautes ». Elle confie à Dieu ce qu'elle n'est pas sûre de pouvoir confier aux autres... et acquiert ainsi la force de leur confier aussi. Elle fait éclater la confiance véritable jusque dans le trouble trébuchant de la méfiance de soi.

Elle pose finalement la question de confiance : y a-t-il une parole qui puisse nous délivrer de la mauvaise foi, de la confiance abusive, de la fausse assurance par laquelle nous nous écrasons les uns les

autres ? Y a-t-il une parole qui nous mettrait vraiment
en cause, nous dépouillerait de nos justifications, sans
pour autant faire de nous des sceptiques, méfiants
envers toute parole, toute action, toute sensation,
incertains de l'existence même de l'autre, du monde
et de soi ? En cette question réside tout le problème
de la foi, si nous acceptons de prendre avec André ce
vieux mot usé, non comme l'étendard des champions
de la certitude, mais comme la fragilité des « menus
croyants », des « demi-croyants », des « malcroyants ».
Savons-nous ce que c'est que de croire au monde, de
ne pas se résigner à sa décoloration ? Savons-nous ce
que c'est que de croire à l'autre ? Et que se passerait-
il si, soudain, nous nous mettions vraiment à croire
en notre propre existence ? Peut-on avoir confiance
en autrui sans avoir confiance en soi ?

Emerson, un philosophe américain dont Nietzsche
fut un lecteur assidu [1], définissait la confiance en soi
comme l'aversion du conformisme. Il m'est arrivé un
jour de reprocher à mon petit garçon de huit ans,
saisi d'une crise mystique pour moi presque gênante,
d'avoir fait une prière dans la cour de l'école. Je lui
montrai le passage du Sermon sur la Montagne où
Jésus déconseille ce genre d'ostentation, mais il rétor-
qua : « Il disait cela parce qu'à cette époque-là tout le
monde admirait ceux qui priaient ; aujourd'hui, si tu
savais, tout le monde se moque de nous. » En réalité,
nous sommes toujours en recherche d'une parole qui,
tout à la fois, nous autoriserait à nous dépouiller de

---

1. Ils étaient l'un et l'autre des fils de pasteurs.

notre assurance conformiste, et nous ouvrirait à
l'authentique confiance. Dans ses prières, André
s'adresse à un Dieu qui lui donne confiance dans sa
propre parole, dans son propre désir, dans sa parole
restée désir. Ce Dieu est pour lui un Ami : un dis-
pensateur de confiance.

Prier, c'est causer. Bien sûr, on peut toujours être
sceptique, comme Wittgenstein. On peut rester iro-
nique, comme Kant : « Quand un homme est surpris
se parlant à haute voix à lui-même, cela le rend
d'abord suspect d'avoir un léger accès de folie » ; et
trouver superflu de « déclarer nos désirs à un être qui
n'a nul besoin que celui qui désire une chose lui
déclare son sentiment intime [1] ». André est lui-même
impitoyable envers toute parole magique qui préten-
drait « obtenir spirituellement ce que les moyens
humains ne permettent pas matériellement ». Renoncer à la parole magique, c'est le plus difficile, et pas
seulement pour celui qui prie : « Nous avons du mal
à supporter qu'il ne suffise pas de dire, pour que cela
soit, ni de bénir, pour que cela dure, ni de maudire,
pour que cela cesse. » Nous avons du mal à accepter
que nos paroles soient à ce point désordonnées,
fugaces, et faibles. Nous avons du mal à parler vraiment sans gêne, sans se conformer aux normes de tout
ce qui passe pour valoir d'être dit, en allant chercher
dans notre rebut, sans prétendre être le porte-parole
de quiconque, ce que, une fois dit, tous reconnaîtront

---

1. Emmanuel Kant, *La Religion dans les limites de la simple
raison*, Paris, Vrin, 1965, p. 254 (note) et 253.

pour leur. Car «quand je dis je, c'est de nous tous qu'il s'agit pour toi». Dans la prière, «on consent à l'expression». Sans même avoir peur d'être inexpressif. Et c'est peut-être ce qui nous manque le plus, cette confiance en la simple possibilité de parler.

Olivier Abel

I.

Éloges

Éloge

Je te loue de me surprendre, quand je suis habitué, de me reprendre, quand je suis égaré et de me prendre, quand je suis perdu. Je te loue d'être un Dieu vivant, qui se met en quête de l'homme, non pas un Dieu qui demeure, mais un Dieu qui vient. Je te loue d'être moins le but que le chemin, moins le terme que la brèche, moins l'horizon que la marche. Dieu vivant, tu es vivifiant.

Je te loue aussi parce que dans ta marche tu restes constant avec toi-même. Tu es fidèle à ce que tu annonces, tu te laisses rappeler ce que tu as promis. On te retrouve tel qu'on t'avait connu. On peut retourner à toi, sans que tu manques à nos revoirs. Dieu vivant, tu ne changes pas.

Je te loue encore parce que tu es patient. Tu es endurant et non pas dur. Tu n'as pas de hâte, même quand tu es pressant. Tu recommences, sans t'user. Tu resurgis, là où tu fus négligé, incompris, raillé et rejeté. Tu es patient, c'est-à-dire actif et non passif. Tu tournes à nouveau ta face vers nous et nous ren-

trons dans la faveur de ton accord. Dieu vivant, tu
ne renonces pas.

Et même je te loue, parce que tu es nouveau. Je
croyais si bien te connaître que je m'ennuyais avec
toi. Je pensais avoir épuisé tes ressources. Je me lan-
guissais de ta permanente identité. J'avais hâte d'aller
ailleurs qu'en ton immémoriale compagnie. Mais
voici que maintenant c'est toi-même que j'entends
différemment, comme si c'était d'un autre que toi
que je m'étais fatigué, comme si c'était un autre que
moi qui t'avait confondu. Dieu vivant, tu es profond.

Apprends-moi l'éloge, qui est une énumération
inventive, un redoublement de présence, un foisonn-
nement de détails, un mémorial de reconnaissance.

Apprends-moi à faire l'éloge de ceux qui me rencontrent, pour que nous ne demeurions pas des
boudeurs dégoûtés, mais que nous devenions des
prochains étonnés. Apprends-moi à voir l'inaperçu,
à deviner le caché, à remarquer ce qui est vers moi
tendu.

Apprends-moi à voyager ma vie le cœur en alerte,
l'esprit en éveil, le corps en souplesse, comme celui
qui a encore à s'enchanter d'être sur la terre des
vivants.

Apprends-moi l'éloge, que j'ai préféré à la louange,
pour mieux affûter ma langue.

Dieu vivant, tu es unique. Aucun n'est pareil à toi.
Amen.

Nous croyons

Nous croyons en un Dieu qui est pour l'homme, mais qui est autre que l'homme, qui est notre allié, mais dont la parole est plus vraie que notre vie et plus forte que notre mort, qui est proche, mais qui est différent, qui vient à nous, quand nous le cherchons et qui demeure Dieu, quand nous le quittons.

Nous n'avons pas envie d'autres dieux que lui, qu'ils s'appellent Mammon, César ou Apollon, l'ordre ou la révolution, la raison ou le désespoir, le progrès ou la catastrophe. Nous n'avons pas non plus envie de vivre sans Dieu, en scepticisme ou en insolence, en ironie ou en sérénité.

Nous croyons en toi. Nous croyons que tu crées et que tu recrées le monde contre le chaos et la dislocation, contre l'obscurité et le silence.

Nous croyons en Jésus-Christ, qui a montré pleinement Dieu à l'homme et l'homme à Dieu, qui a troué le ciel de nos ignorances et qui a habité la terre de nos histoires, qui a vécu pour enseigner, pour annoncer et pour guérir, qui est mort comme nous, à cause de nous et pour nous, qui a été ressuscité pour

rendre manifeste la mémoire, la bonté et la puissance
de Dieu en faveur de nous tous.

Nous n'avons pas envie d'autres sauveurs que lui,
qu'ils s'appellent la science ou la magie, la santé ou le
rêve, la tradition ou l'utopie, la famille ou la culture.
Nous n'avons pas non plus envie de vivre sans sauveur, en suffisance ou en désespérance, en assurance
ou en déliquescence.

Nous croyons en toi. Nous croyons que tu libères
ceux que tu sauves et que tu sauves ceux qui se croient
libérés. Nous croyons que la terre a besoin de salut
et que ce salut est survenu hier, aujourd'hui, demain,
toujours.

Nous croyons à l'Esprit Saint, qui continue d'œu-
vrer chez les hommes, comme la graine continue de
pousser au travers de l'hiver, qui est ce même Esprit
qui porte des fruits différents chez chacun, qui ne
cesse de rassembler les hommes dispersés et qui ne
s'arrête pas d'ébranler les hommes agglutinés, qui va
et vient comme le vent sur les falaises.

Nous n'avons pas envie d'un autre esprit, qu'il
s'appelle lumière ou ténèbre, soleil ou lune, idéalité
ou sensualité, spiritualisme ou matérialisme. Nous
n'avons pas non plus envie de vivre sans l'Esprit, dans
la pénombre de nos errances.

Nous croyons en toi. Nous croyons que tu rends
vivant ce qui est mourant, que tu es le sang qui traverse le corps de l'Église et que tu nous mènes tous
vers un Royaume déjà commencé, encore attendu.

Nous croyons. Aide-nous à vivre ce que nous cherchons à croire. Amen.

Te parler ne me gêne pas

Je ne me gêne pas pour te parler. J'en ai fini avec l'hésitation de la démarche trop prétentieuse ou du recours inutile. Je ne me gêne pas, car tu as du temps pour la vérité, de la bonté pour la réalité, de la force pour la vie. Tu ne demandes pas que l'on soit intéressant à tes yeux, ni capable à nos yeux. Tu n'as jamais intimidé, même quand tu as parlé dans la colère et que tu t'es tu dans la douleur. Tu donnes de la hardiesse, puisque tu ne regardes pas aux apparences et que tu sais de quoi nous sommes faits.

Je ne me gêne pas de te raconter mes tentations, ni mes obsessions, car elles sont chair de ma vie. Je ne les souhaitais pas et elles ont fondu sur moi, au moment même où je me croyais maître de mes goûts et de mes entreprises. Elles sont venues par-derrière et elles se sont installées, comme si je les avais invitées. Je ne me gêne pas de te les dire, parce que tu sais endiguer la marée noire des regrets vains et que ton pardon passe comme un soleil, là même où nos passions sont passées comme un torrent.

Je ne me gêne pas de te raconter mes désirs et mes

projets, car ils sont chair de ma vie. Je ne suis pas sûr
de pouvoir vivre à leur hauteur, car les autres attendent de moi, plus que je n'attends de moi-même. Je
ne sais pas si je retrouverai le souffle d'entreprendre
et de mener à bien. Mais ton fils lui aussi a désiré et
projeté sans trêve, tant qu'il a fait jour, et il a, à la
fin, remis son souffle entre tes mains.

Je ne me gêne pas de te raconter mes angoisses,
quand je perds pied en moi-même et que le sol cha-
vire dans un ébranlement sans cause. Je les ressens
comme des puissances étrangères, dont la familiarité
m'effraie. Je leur en veux de m'en vouloir et je ne
comprends pas pourquoi c'est à moi qu'elles se col-
lent, comme si je n'étais plus moi. Car tu as dit que
la vie est un combat « au milieu des adversaires nombreux » (Psaume 3,2) et tu as dit aussi : « tu ne crain-
dras ni la terreur de la nuit, ni la flèche qui vole au
grand jour, ni la peste qui rôde dans l'ombre, ni le
fléau qui ravage en plein midi » (Psaume 91,5-6).

Je ne me gêne pas de te raconter mes curiosités,
car tu as fait le monde multiple et l'homme
débrouillard. Tu as disposé la diversité à la surface de
l'univers et tu as aménagé des secrets pour que nous
les découvrions. Tu nous as donné de l'appétit et de
la vie en abondance.

Je ne me gêne pas de te raconter ma vie car tu es
comme nous : avec une seule bouche, mais deux
oreilles, avec un seul visage, mais de multiples
entrailles de miséricorde. Amen.

Ton orgueil et ta fierté

Notre Dieu, toi qui abaisses les arrogants et qui élèves les humbles, tu nous recommandes de trouver et de prendre notre orgueil en toi, d'exercer et d'assurer notre fierté en Jésus-Christ.

Car l'orgueil est une nourriture d'exaltation, quand il nous déporte de l'autosatisfaction vers la louange. L'orgueil est nourriture de magnificence pour qui met sa confiance dans ce que tu tends et prétends. Délivre-moi de la honte qui t'excuse auprès de ceux qui ne croient pas en toi, qui ironisent et qui détournent la tête, pour aller vers des choses à leurs yeux plus sensées et plus fructueuses que ton Évangile. Apprends-nous à nous enorgueillir de ta parole et de ta grâce, car elles sont parures de vérité et d'éclat.

Mets-nous en fierté de toi, si bien que nous puissions briller en la foi, quelles que soient les circonstances de la vie, dans l'abondance et dans le dénuement, dans les jouissances et dans les adversités, au cœur du soleil comme au creux de la nuit, ainsi que le firent tes serviteurs Abraham et Jacob, David et

Job, saint Pierre et saint Paul. Donne-nous la fierté qui est marque d'indépendance vis-à-vis de tout et de tous et pareillement de nous-mêmes. Donne-nous la fierté de celui qui peut se moquer de tout et de tous, y compris de lui-même, parce que ta grâce et ta gloire lui suffisent.

Rends-nous orgueilleux et fiers de toi, nous qui trop souvent confondons l'humilité avec la timidité, l'effacement avec la médiocrité, le brillant de l'Évangile avec le terne de nos hésitations, l'orgueil de la croix avec la dépression de l'impuissance et la fierté de la résurrection avec la morosité de la persévérance.

Relève notre visage, débarrasse-nous de la mauvaise conscience, mets fin à nos plaintes et à nos complaintes, arrête nos accusations et nos déplorations, chasse la tristesse au ciel de notre cœur.

Donne-nous la simplicité de mettre notre orgueil en toi et de tirer notre fierté de toi, car tu aimes ceux qui se réjouissent de te glorifier. Au nom de Jésus-Christ, qui s'est librement rendu serviteur de tout et de tous pour devenir publiquement Seigneur de tout et de tous. Amen.

Ton insolence et ton cynisme

Notre Dieu, comment pourrions-nous découvrir en toi l'insolence et le cynisme, alors que tu es doux et humble de cœur? Comment pourrions-nous te ranger du côté des moqueurs et des méchants, alors que tu as choisi ton rang parmi les pacifiques et les miséricordieux? Comment pourrions-nous t'attribuer l'ironie et la colère, alors que tu t'es figuré comme le souffle, doux et léger, comme l'agneau, qui n'élève pas la voix, comme la colombe, qui plane au-dessus des eaux de l'abîme?

Mais voici que tu as aussi l'insolence de te moquer des idoles et de railler ceux qui préfèrent leur euphorie à la verdeur de ta parole. Voici que tu es impitoyable pour ceux qui te confondent avec leur indolence et leur attendrissement sur eux-mêmes. Voici que tu es jaloux, comme un amant possessif. Voici que tu es dur, comme un allié vindicatif. Voici que ton insolence chahute nos sottises et nos hypocrisies. Voici que tu es particulièrement insolent envers ceux qui sont particulièrement à l'aise avec eux-mêmes.

Voici que tu châties ceux que tu aimes et que tu brises ceux qui te résistent.

Ô Dieu, ai-je assez compris l'insolence de ton libre amour ?

Mais voici encore que tu as le cynisme de voir les hommes et la terre, tels qu'ils sont, de donner à celui qui a et à celui qui n'a pas d'ôter même ce qu'il a. Voici que tes témoins favoris sont des nœuds de passion : David et sa convoitise, Job et ses révoltes, Jonas, Élie et leur amertume, les Psalmistes avec leurs exaltations jubilantes et leurs gémissements redoublés, Jésus, ton fils, lui-même, en proie à l'émerveillement et à la complainte, à la colère et au découragement. Ô Dieu, le cynique se retrouve à l'aise avec toi, qui es Dieu de Dieu, ni le bon Dieu, ni le pauvre Dieu.

Ô Dieu, ai-je assez compris le cynisme de ta vérité et de ton jugement ?

Mais, après tout, ô Dieu, j'aime mieux que tu sois tel que je ne t'imaginais pas, car alors, peut-être, as-tu pour moi une parole proche, aux jours où seule l'insolence me réveille et où seul le cynisme me réconforte.

Mon Dieu, notre Dieu, finalement nous te préférons tel que tu es aux faux dieux et aux dieux vains, que nous imaginions pour te remplacer. Amen.

Donne-nous du temps

Notre Dieu, donne-nous du temps. Empêche nous de vouloir aller plus vite que ne nous permet la longue houle de notre cœur. Fais que nous ayons patience avec nous-mêmes, car le temps œuvre à l'ombre de nos irritations, le temps progresse et cicatrise, alors même que nous démange sa lenteur et que nous inquiètent ses retours de flamme.

Donne-nous du temps pour prendre et pour apprendre, car nous ne sommes point faits pour vaincre sans convaincre, pour saisir sans habiter, ni pour parcourir sans séjourner. Donne-nous la familiarité qui suit la curiosité et qui permet le contact. Donne-nous la tendresse qui accompagne le désir et qui permet l'amour. Donne-nous la constance qui suit la découverte et qui permet le bonheur. Donne-nous la lenteur qui suit la brusquerie et qui permet la communion. Donne-nous le temps de l'approche et de l'attachement.

Donne-nous aussi du temps pour nous déprendre et nous guérir, car nous ne sommes point faits pour nous entêter dans l'attirance de la déraison, de la destruction et tout simplement du mal, subi et commis. Donne-nous de retrouver le chemin de nos vies au travers des buissons de nos passions et des pierrailles de nos écorchures. Donne-nous d'accepter que le temps de la convalescence aille aussi lentement que celui de l'enfièvrement.

Ô Dieu, apprends-nous à espérer dans le temps pour nos propres vies et pour le monde entier, car toi aussi tu as usé du temps, sans l'accuser. Toi aussi tu marches en lenteur et tu reconstruis, de génération en génération. Toi aussi tu as une longue haleine et tu annonces ce qui ne se réalisera qu'au terme de nos engendrements. Tu n'es ni l'enchantement de l'instant, ni l'immuabilité de l'éternité. Tu es une semence enfouie dans la terre du monde pour une moisson, qui n'est pas encore arrivée.

Notre Dieu, donne-nous confiance dans le temps, aux jours où il nous semble que nous piétinons et que nous régressons. Nous ne te demandons ni l'impatience ni la passivité. Nous te demandons que la patience du temps pacifie et reconstruise nos vies.

Au nom de Jésus-Christ, qui a grandi trente ans en silence, qui a parlé trois ans en puissance, qui a tout perdu trois jours en déshérence et qui nous offre le temps comme espérance. Amen.

L'usage des temps

Ô Dieu, toi qui as du temps pour nous, donne-nous du temps pour toi. Toi qui tiens dans ta main ce qui a été, ce qui est et ce qui sera, donne-nous de tenir dans nos mains nos temps dispersés.

Donne-nous de tenir le passé, sans être tenus par lui, de vivre en mémoire et non en nostalgie, de garder fidélité et non rigidité, de conserver les signes sans les momifier en reliques. Enlève déjà de nos passés l'encombrement inutile, qui nous alourdit sans nous vivifier, qui irrite le présent sans le nourrir, qui devient musée et n'est plus demeure.

Car toi, tu es un Dieu qui a parlé dans le passé avec tant d'exactitude et de vivacité que tu fais de tes témoins d'alors nos contemporains essentiels. Tu es un Dieu non pas de mythes éternels, mais d'histoires si particulières que leur mémoire est une ancre pour nos navires déboussolés, une carte pour nos itinéraires incertains. Tu es le Dieu, dont la mémoire n'encombre pas et n'insulte pas, mais aimante et oriente.

Donne-nous de tenir le présent, sans être absorbés

par lui, de vivre en décisions et non en reports, de saisir l'occasion favorable sans nous agripper à l'occasion perdue, de discerner les signes, sans les vanter comme des oracles ou des privilèges. Enlève déjà de nos présents la fièvre qui agite et l'indolence qui rate. Enlève de nous le tourment de l'ailleurs et de l'autrement. Donne-nous la saveur de l'ici et du maintenant.

Car toi, tu es un Dieu qui parle dans le présent avec tant de naturel et de possibilité que ta parole crée du temps naturel et possible en nous. Tu es un Dieu non pas d'illuminations surnaturelles, mais de présence écoutée, si bien que notre liberté surgit par ton invitation et que nous pouvons user du temps sans nous user contre lui.

Donne-nous de tenir l'avenir, sans convoiter son illusion, ni redouter sa venue, de veiller sans surveiller, de vouloir sans obliger, de souhaiter sans forcer, de nous disposer aux signes sans nous enfiévrer aux attentes. Enlève déjà de notre avenir le souci inutile, qui vole le temps par l'appréhension, qui supprime le temps par la supputation, qui anéantit la surprise par l'emprise et la reprise.

Car toi tu es un Dieu qui parlera jusqu'à la fin des temps avec ton jugement qui nous dispense de juger les autres et de nous juger nous-mêmes, avec l'achèvement qui nous interdit de clore et de récapituler trop tôt, avec le renouvellement qui nous empêche de nous glorifier ou de nous désoler.

Tu es le Dieu qui met le temps à la disposition de notre mémoire, de notre choix et de notre espoir. Amen.

Le bonheur du pain quotidien

Donne-nous aujourd'hui le pain, dont nous avons besoin.

Tu sais que nous avons besoin de nourriture. Sinon notre corps se vide, notre tête tourne, notre estomac se rétrécit, notre esprit titube. Nous ne pouvons plus ni aller ni saisir. Nous sommes comme la plante sans eau, comme la langue collée, comme l'oiseau rétréci aux barreaux de sa cage.

Tu es un Dieu soucieux des besoins de l'homme. C'est pourquoi tu as voulu t'appeler pain, et non pas idéal, ni horizon, ni absolu. Sans pain, tu le sais, nous ne pouvons pas tenir. Nous nous fanons et nous nous alanguissons, nous dépérissons et bientôt il ne nous servira à rien d'avoir des gestes sans réponse, des paroles sans effet, une vie sans force. Oui, donne-nous ce pain dont nous avons besoin pour nous habiter nous-mêmes. Donne-nous le pain nécessaire.

Mais ce pain, tu veux nous le donner pour aujourd'hui seulement. Tu interdis que l'on fasse provision de ta manne, qui apparaît le matin, comme la rosée de la nuit et qui se pourrit le soir, comme le papillon d'un jour. Tu veux ainsi nous limiter dans nos exigences, en nous interdisant l'excès de prétentions et l'excès de soucis. Tu souhaites que, pour nous disposer à ton royaume, nous redevenions comme les enfants, qui savent rire et pleurer dans l'instant, sans prolonger leurs rires, ni éterniser leurs pleurs.

Tu es un Dieu qui nous limite à aujourd'hui, toi qui es semblable à toi, hier, aujourd'hui et demain. Tu dis : à chaque jour suffit sa peine, toi qui prends la même peine, hier, aujourd'hui et demain.

Tu es le Dieu du pain quotidien, du pain nécessaire et du pain suffisant.

Écoute la réalité de nos besoins, pour que nous écoutions la suffisance de ta grâce. Amen.

Demande pour le bonheur et l'honneur

Dieu, nous te demandons le bonheur et l'honneur. Nous te demandons le bonheur, sans lequel la bénédiction reste une formule creuse. Nous le demandons pour ceux qui ont vécu ou qui vivent l'échec, l'angoisse, la peur des autres, la fragilité d'eux-mêmes. Mais comme il n'est jamais vrai de s'oublier soi-même, c'est pour chacun de nous que nous te demandons le bonheur de recevoir et de donner, d'être écouté et d'entendre.

Dieu, nous te demandons l'honneur, la salutation personnelle qui nous découvrira et nous restaurera. Apprends-nous à nous honorer les uns les autres, non pas à nous féliciter, ni à nous ignorer, mais à nous honorer. Fais-nous deviner et réaliser l'honneur dont ont besoin notre prochain et notre lointain. Apprends-nous à honorer les enfants et les adolescents, les adultes et les âgés.

Donne-nous le bonheur d'aller jusqu'au bout de notre pensée et de laisser les autres aller jusqu'au bout de la leur. Chasse la craintivité et la suffisance, comme le vent chasse les nuages. Dégage le ciel entre nous. Garde-nous du favoritisme et de l'amertume. Ouvre la forêt entre nous. Combats l'indécision et l'esprit de jugement. Établis un sol entre nous. Repousse l'indolence et la méfiance. Allume un feu entre nous.

Donne au monde l'honneur en abondance. Car notre monde est démuni, pauvre en confiance, pauvre en courage, pauvre en gaieté. Toi tu es riche et tu renouvelles la terre sans t'épuiser, comme le buisson ardent qui ne se consumait pas en cendres. Donne-nous quelque part à cette richesse, car nous sommes tes mendiants.

Au nom de Jésus-Christ, mort et ressuscité pour le bonheur et pour l'honneur de tous les hommes. Amen.

Connaissance du voyage

Devant toi, ô Dieu, nous connaissons et nous reconnaissons ce qui est.

Nous connaissons que nous ne sommes pas nés libres, mais devenus libérés, que nous avons été sortis de l'Égypte, de la stagnation dans l'oubli, la peine, l'amertume et le ressassement, à main forte et à bras étendu, malgré ce qui s'était endurci contre nous et ce qui s'était résigné en nous.

Nous connaissons que cette échappée, nous l'avons reçue en un instant, au travers de la muraille inquiétante des eaux, comme un noyé qui remonte du fond de la mer, comme un baptisé qui s'accroche à la résurrection de Jésus-Christ.

Nous connaissons que tout cela est derrière nous, supprimé, ôté, donné, reçu, accompli.

Nous connaissons que nous ne sommes pas encore arrivés, mais que nous progressons au travers d'un désert, ravitaillés mais fatigués, réjouis mais inquiets, partagés entre la gratitude et le murmure, entre l'espoir et le découragement, quarante années, la durée d'une vie d'homme. Dans ce désert notre caravane tourne souvent en rond, si bien que nous ne savons plus alors si la nuée qui nous devance est une présence ou une absence, un roc ou un mirage. Nous ne savons plus si ce en quoi nous nous confions vaut mieux que ce que nous avons quitté.

Nous connaissons que cette traversée, c'est la vie à vivre, la longueur de la vie que ne supprime pas l'instant de la grâce, pas plus que le don de la terre promise n'en supprime la conquête à faire. C'est pourquoi il nous faut la manne et le pain pour retrouver la force perdue, les cailles et le vin pour retrouver la joie égarée.

Nous connaissons que tout cela est en travers de nous, affronté, éprouvé, subi, tenté.

Nous connaissons que nous verrons ce en quoi nous avons cru, que nous recevrons ce à quoi nous nous sommes attendus, mais nous connaissons aussi que nous en séparent encore les eaux inconnues du Jourdain et de la mort, les murailles hautaines de Jéricho et de la peur, les rumeurs multiples des fausses dominations, qui nous effraient et nous ensorcellent.

Nous connaissons que nous ne pouvons pas connaître encore celui qui nous relèvera tous ensemble à la fin du voyage de l'histoire et du monde.

Nous connaissons que tout cela est en avant de nous, dit, promis, caché, espéré, cru. Amen.

Tu vois cette ville

Tu vois cette ville qui regorge et qui est vide pour moi. Tant de visages qui se profilent et qui s'effacent. Tant d'automobiles qui font la queue comme les vers luisants d'une procession muette et égarée. Tant de maisons dont l'intimité me repousse et je ne sais si ce n'est pas moi qui m'enferme en dehors d'elles. Tant d'occasions qui ne deviennent pas des rencontres parce que chacun est trop occupé à partir ailleurs.

Notre Dieu, c'est pourtant vers une ville aux portes ouvertes que tu convies les villes de la terre, pour qu'elles y apportent leur richesse et leur gloire. C'est vers une ville que tu rassembles tes tribus disséminées et décimées, concurrentielles et clôturées. Tu n'es pas le Dieu du jardin où je m'isole, ni du désert où je me retrouve, ni même du village où je me sens à l'aise. Tu es le Dieu de la Jérusalem à venir qui descendra du ciel sur la terre. Tu es le Dieu de la ville parce que tu es le Dieu de tous, le Dieu des foules où chacun a pourtant un nom unique, le Dieu des rassemblements où chacun a pourtant l'identité de sa propre quête, le Dieu de la communion, qui n'est pourtant ni la fusion, ni la confusion. Tu es le Dieu de Jérusalem, quand elle se substitue à Babel et à Babylone. Tu es le Dieu des multitudes, qui sont pourtant issues de la solitude combative d'Abraham et de Jacob, de Jérémie et de Job, de Jésus, aussi seul parmi les malentendus de ses amis que parmi les pièges de ses adversaires. Tu es le Dieu de l'Église entière, où pourtant personne ne croit à la place de l'autre. Tu es le Dieu de l'humanité entière, où pourtant personne n'aime et ne combat à la place de l'autre. Tu es le Dieu de la ville promise aux foules solitaires des métropoles de l'histoire.

C'est pourquoi, apprends-nous à aimer les villes comme nous-mêmes. Apprends-nous à aimer leurs cohues et à y discerner des visages. Apprends-nous à aimer leurs cafés et à y ébaucher des rencontres. Apprends-nous à bavarder, sans nous clôturer sur notre quant-à-soi et à écouter, sans inonder les autres de notre suffisance. Apprends-nous la bonhomie, qui n'est pas le laisser-aller et la réserve, qui n'est pas le dédain. Apprends-nous que nous ne sommes pas plus seuls que tous les autres et pas plus menacés que ne l'est chacun.

Nous te prions pour les villes que tu voulais des carrefours ouverts et que nous transformons en ghettos résidentiels. Aie pitié des villes quand elles s'étalent comme des cloaques délabrés ou qu'elles se protègent comme des hauteurs interdites. Aie pitié, ô Dieu, de tous ceux que la ville étouffe et qui, eux-mêmes, la martyrisent.

Si tu es le Dieu de la Jérusalem qui vient, fais de nous tous tes coopérateurs dans la sanctification des villes de la terre. Amen.

L'aéroport de Kano

Mon Dieu, on ne peut te prier que là où l'on est, par cette concentration dans l'instant, qui fait de la prière toute autre chose qu'une évocation, une imagination et surtout une évasion, mais cette attention même, à l'écoute de laquelle te voici tendu.

Je te prie, ici et maintenant, de l'aéroport de Kano, du centre de l'Afrique, où j'attends, douze heures durant, qu'un avion me ramène aux rivages bien connus de Roissy, l'aluminium des conduits et le filet sucré des voix d'hôtesses, de Paris, le métro qui s'arrête en douceur et les lettres dans leur boîte habituelle.

Je te prie, dans le dépaysement d'ici et de maintenant, car tu es pareillement le Dieu de Kano et celui de Roissy et de Paris. Je te prie pour cette énorme foule qui part en pèlerinage vers La Mecque, les hommes posés comme des piliers d'ébène dans leur toge blanche, sous leur toque brodée, les femmes, enveloppées d'étoffes chamarrées, où le jaune éclate sur le noir, comme l'oiseau des tropiques tranche sur le feuillage, les enfants qui ressemblent à des oisillons ébouriffés, nichés sur les reins de leurs mères et dont le regard est si grave, dans l'enclave bleutée de leur rondeur d'encre, que je baisse les yeux, quand ils me découvrent en silence. Ici et maintenant, de l'aéroport de Kano, je te prie pour tous les hommes, qui n'ont ni ma couleur, ni ma foi, ni ma langue, ni mon stylo, ni mon costume. Je te prie pour que chacun aille et s'envole vers ce qu'il croit être ta prophétie, pour que chacun ait son riz et son Coca Cola quotidiens, pour que nous nous pardonnions nos offenses mutuelles, comme toi tu nous pardonnes à tous, pour que tu nous délivres des tentations du fanatisme et du scepticisme. Je te prie non pas en tolérance, mais en émulation.

Je te prie aussi pour les quelques visages pâles ici présents, attentifs comme moi à veiller sur leurs valises. Ils sont désormais la minorité de la terre, même s'ils concentrent encore les trois quarts de ses bénéfices. Ils ne vont pas à La Mecque. Ils font des affaires, avant de rejoindre leur résidence secondaire. Ô Dieu, puisses-tu être leur résidence principale, toi qui es le Père de tous les hommes et qui leur as montré, en ton fils Jésus-Christ, comment devenir frères entre eux. Amen.

Quand je pense à l'Église

Quand je pense à l'Église, je la voudrais telle qu'elle n'est pas : attirante, engageante, percutante, militante, sans doute aussi variée et universelle, secrète et évidente, riche et nourricière, pauvre et véridique, surprenante et solide. Bref, j'aimerais, mon Dieu, que ton Église, qui est notre Église, m'offre tout ce que je ne lui donne pas.

Tu la connais aussi bien et mieux que moi cette Église qui fume souvent à peine comme une bougie épuisée. Tu la connais trop petite pour ta grandeur et trop grande aussi pour notre petitesse, une Église mal aimée et du coup mal aimante, une Église dont la fidélité devient répétitive et l'infidélité habituelle, une Église qui se paie de mots et qui contribue à enténébrer la vie de bons sentiments inutiles et d'accusations décourageantes.

Alors, mon Dieu, fais que je cesse de blâmer l'Église, pour me dispenser moi-même d'y travailler. Fais que je cesse de lorgner ses déficiences, par le trou de sa serrure, pour me protéger moi-même de franchir sa porte. Fais que je quitte le banc des specta-

teurs et des moqueurs pour m'asseoir au banc des
acteurs et des célébrants. Car ainsi seulement je m'ar-
rêterai de regarder ton Église, qui est notre Église
pour y vivre avec les autres.

Tu la convoques et tu la rassembles de jour en
jour, comme sans cesse le berger rattrape la brebis,
qui boite et qui s'attarde, comme sans cesse la rac-
commodeuse rattrape la maille, qui file et qui déchire. Ton fils est la tête d'un corps aux membres
disjoints. Il est le premier né d'une famille d'enfants
séparés. Il est la pierre angulaire d'une maison inachevée.

Mais c'est bien à l'Église que tu tiens et non pas
seulement aux individus, qui se préfèrent chacun
eux-mêmes. Car c'est bien à l'humanité entière que
tu tiens et non pas seulement aux membres d'un
club. Ton Église est ainsi le signe visible de ton
dessein total.

J'hésite à l'appeler ma mère, car elle ne m'a pas
engendrée, mais je l'ai rencontrée. J'hésite à l'appeler
ma sœur, car nous ne sommes pas liés par l'obscurité
du sang, mais par la liberté de l'esprit. Mais je veux
bien l'appeler ma famille, car je lui suis attaché pour
le pire et pour le meilleur. C'est ma nouvelle famille,
dont tu es l'initiateur, ton fils le libérateur et ton
esprit le rassembleur. Amen.

Politique

Nous intercédons pour la politique, afin que tous et chacun, nous y prenions part, au lieu de nous replier sur nos incompétences, nos désillusions et nos soupçons. Toi qui es le Dieu de toute la terre, enlève nos clôtures privées, élargis nos vies indifférentes, passe par-dessus nos tranquillités et brasse-nous avec les peuples du monde.

Nous intercédons pour la politique, car elle avance comme un rouleau compresseur qui transforme la foule en masse, l'homme en tribun, l'idée en slogan, la vérité en propagande. Toi qui es le Dieu de l'attention personnelle, balaie nos fanatismes collectifs, arrête nos jugements péremptoires, détruis notre capacité de détruire.

Nous intercédons pour la politique, car seule elle peut renverser la force établie des injustices oubliées, seule elle peut contraindre les puissances satisfaites, seule elle peut répondre aux cris étouffés, seule, puisqu'elle seule change les lois et modifie la place des classes. Toi qui es le Dieu de l'indignation, démasque nos privilèges, réponds à nos souffrances, reconnais notre droit.

Nous intercédons pour la politique, car elle sème le mépris et la haine, elle récolte la violence et la vengeance. Avec son grand couteau elle installe la colère et elle taillade dans les familles, les tribus, les églises, les races et les nations. Toi qui es le Dieu de la compassion rappelle-nous que celui qui prend l'épée sera tué par l'épée, que nous serons soupesés, examinés et jugés à la mesure dont nous aurons critiqué, condamné et jugé.

Nous intercédons pour la politique, car elle est en notre pouvoir. Elle est l'exercice de notre participation à la conduite de l'histoire. Elle est notre joie quand une foule s'applaudit elle-même, quand le ciel bascule de l'oppression à la liberté, de la terreur à la pacification ou plus simplement de l'opposition écartée à la responsabilité acceptée. Toi qui es un Dieu actif, enflamme nos convictions, si bien que nous marchions avec tant d'autres vers un changement qu'indifféremment nous appelons réforme ou révolution, espoir ou espérance, pourvu qu'il nous mette debout.

Nous intercédons pour la politique, car elle est notre impuissance. Plus fortes que les déclarations sont les situations. Plus sournoises que les droits sont les revendications. Plus lourdes que les révolutions sont les restaurations. Plus enflammée a été la proclamation, plus désenchantée devient la constatation.

Ô Dieu, nous intercédons pour la politique, car elle nous ressemble et c'est nous-mêmes que nous te prions de garder dans la flamme et la lucidité. Amen.

Demande pour le début d'une année d'études

Notre Dieu, donne-nous d'être assez fous pour oser croire et assez sages pour chercher à comprendre. Chasse de nous l'hésitation et la paresse. Combats en nous la suffisance et l'orgueil. Fais que nous te préférions à nous-mêmes et que nous aimions grâce à toi.

À cette faculté, aux pierres usées, et à nous, qui en sommes les pierres vivantes, donne courage et gaieté, patience et passion, batailles et retrouvailles. Donne-nous surtout d'être faibles à ta manière, dans l'amour, et forts à ta manière, dans la foi.

À nos églises, donne le plaisir d'être des églises, appelées des quatre coins, envoyées aux quatre coins, assez simples pour que quiconque t'y découvre, assez libres pour que quiconque s'y exprime, assez vives pour que personne ne s'y ennuie.

À notre monde, donne une justice sans oppression, une liberté sans omission, une paix sans mensonge. Car tu es un Dieu parfait, c'est-à-dire un Dieu qui fait lever le soleil sur les méchants et sur les bons, tomber la pluie sur les justes et sur les injustes. Que notre perfection soit à l'image de la tienne : généreuse et prodigue, appliquée et vivifiante. Donne-nous de grandir, nous qui sommes toujours des enfants. Donne-nous de rajeunir, nous qui sommes toujours des vieillards. Donne-nous de marcher, nous qui sommes toujours des boiteux. Donne-nous ton repos, quand monte notre fatigue. Amen.

Nous nous souvenons

Nous nous souvenons de notre enfance et de son insouciance, de la joie que nous prenions à ce qui était infime et de la colère que nous hurlions, quand l'infime nous était refusé. Nous nous souvenons, car on nous l'a raconté. C'est une merveille de savoir que l'on a soi-même été enfant, quand tant de raisonnements sont depuis venus nous atténuer.

Nous nous souvenons de notre adolescence et de ses humeurs, de l'ambition que nous prenions à ce qui serait et de la noirceur aussi que nous remâchions pour ce qui n'était pas. Nous nous souvenons, car nous en sommes toujours très proches. C'est une merveille de savoir que l'on a été soi-même un adolescent tumultueux et renfermé, quand tant d'expériences sont depuis venues nous habiter.

Nous nous souvenons des débuts de notre amour et de notre métier, de la satisfaction d'être situés et du doute aussi que cette situation ne devienne notre conclusion. Nous nous souvenons d'avoir ainsi choisi et été choisis. C'est une merveille de savoir que l'on a été soi-même un adulte jeune, quand tant de perplexités sont depuis venues nous habiter.

Nous nous souvenons de la longueur de notre vie, de la force qui vient du savoir-faire, de la faiblesse aussi qui vient de la répétition. Nous nous souvenons d'avoir ainsi tâté, acquis et pratiqué. C'est une merveille de savoir que l'on a été soi-même un adulte mûr, quand tant de fractures brisent et amputent.

Nous nous souvenons du vieillissement de notre vie, de la paix qui vient du détachement des ambitions et aussi de l'angoisse qu'engendrent les occasions manquées. Nous nous souvenons d'avoir ainsi réalisé, accompli, parcouru. C'est une merveille de savoir que l'on a été soi-même vieux, quand tant d'inconscients voudraient se perpétuer jeunes.

Mais, je puis maintenant te le dire : comme toi je n'aime pas les souvenirs. Comme toi, je leur préfère la mémoire, qui porte en germe mon aujourd'hui et ton avenir. Comme toi, je ne sais pas ce qu'est la nostalgie, là ou tu fais parler l'espérance.

Je dis «comme toi», mon Dieu, car c'est le vouloir de ma prière auprès de toi. Amen.

Les croyants et les non-croyants

Notre Dieu, il y a ceux qui croient en toi et il y a ceux qui n'y croient pas, qu'ils n'aient pas entendu parler de toi, ou qu'ils aient cessé de croire que tu parles avec eux. Il y a ceux pour qui la foi est une liaison vivante et il y a ceux pour qui elle est une illusion naïve ou une invention inatteignable, un amour éteint ou une entrave malheureuse. Mais tous nous sommes pareillement hommes et pareillement frères, même quand cette fraternité entre nous s'exprime maladroitement.

Notre Dieu, nous te remercions pour tous les hommes incroyants, qui font souvent ce que tu demandes d'eux mieux que ceux qui confessent ton nom. Car tu es un Dieu qui a tiré sa louange de tous ceux qui ne te connaissaient pas, et que tu n'as pas obligés à entrer préalablement ni postérieurement dans ton Église. Tu as tiré ta louange de Melchisédek et de Jethro, qui étaient librement des païens. Tu as tiré ta louange de Rahab de Jéricho et de Ruth de Moab, des mages de Chaldée, de la femme cananéenne et du centenier romain. Tu tires ta louange des athéismes et des autres religions. Nous te louons quand des hommes, quels qu'ils soient, d'où qu'ils soient, te donnent ainsi de la joie. Apprends-nous à admirer que tu sois leur Dieu, au-delà des limites de notre Église et de notre foi.

Mais, ô Dieu, délivre-nous de tout esprit de comparaison, qui tue la louange et qui obscurcit le cœur. Fais que nous ne nous servions pas de la bonté des non-croyants pour dénigrer les croyants et pour nous dispenser nous-mêmes de la liberté et de la bonté de croire en toi. Fais que nous n'utilisions pas Melchisédek, ni Jethro, pour dénigrer Abraham et Moïse. Fais que nous ne nous servions pas des mages pour oublier les bergers, ni de la femme de Canaan et du centenier de Capharmaüm pour oublier l'appel des prophètes et des apôtres. Apprends-nous ainsi à entrer librement, volontairement, gracieusement, dans les limites de la foi et de l'Église. Car, si tu nous y invites, pourquoi demeurerions-nous des méprisants et des boudeurs à ton égard ?

Ô Dieu, apprends-nous à être librement heureux avec tous les incroyants et à être humblement décidés à devenir et à redevenir nous-mêmes croyants, s'il plaît à toi comme à nous de nous appeler réciproquement par nos noms propres. Car la foi n'est ni un privilège, ni un handicap. La foi, c'est ton invitation au banquet messianique des noces de ton fils. Les portes sont toujours ouvertes à tous. La foi c'est notre plus haute liberté, à laquelle nous ne saurions renoncer, par amour pour toi, par salutation et par guérison pour nous.

Ô Dieu, tu tires ta louange des croyants et des incroyants. Maintiens-nous dans cette compagnie de louange. Amen.

Le silence

Notre Dieu, accorde-nous le silence, cette plage où nous pourrons nous retrouver. Écarte de nous ces essaims de paroles, qui bourdonnent, tourbillonnent et piquent comme les abeilles, à l'entour de nos ruches assaillies. Délivre-nous du trop grand nombre des sollicitations et des remises en question. Permets-nous d'aller en forêt, là où les oiseaux se taisent, où les pas s'assourdissent, où le ciel lui-même ne pèse plus sur nos têtes comme un couvercle flamboyant. Notre Dieu, donne-nous le silence comme seul compagnon pour le moment désirable à nos cœurs.

Car, notre Dieu, nous en avons assez des conversations, qui s'éternisent, des lectures, qui nous avalent, des films, qui nous distraient et des prédications, qui nous fatiguent. Nous avons même assez de nos amis, qui nous surpeuplent et des projets, qui nous attendent. Nous avons assez de tout ce qui n'est pas le silence de la nuit, quand il enveloppe la terre et recouvre la journée.

Notre Dieu, visite-nous avec le silence, toi qui ne parles pas tout le temps, mais qui te tais, toi qui ne harcèles pas l'humanité, mais qui la laisses être, toi qui te tiens dans le retrait, pour que nous vivions dans la détente de ta paix. Permets que ce silence nous régénère et nous rajeunisse, pour que nous en sortions, brillants et parés de neuf, comme le soleil au matin. Permets-nous l'interruption recréatrice du silence, où pourra mûrir une vie rafraîchie. Apprends-nous à nous taire, quand nous ne pourrions plus que répéter et affaiblir. Apprends-nous à faire taire, quand nous ne saurions plus que bavarder et envahir. Apprends-nous à jouir du silence, qui est le bruissement du monde et le dépliement du cœur.

Ô Dieu, nous n'adorons certes pas le silence, car nous connaissons bien ses multiples démons intérieurs et nous te les nommons : le mutisme et l'effroi, l'indifférence et le mépris, essentiellement le gouffre et le vide. Mais nous aimons le silence que tu as donné comme compagnon à nos vies, tout comme il est plaisant de cligner de l'œil avec un enfant, en mettant le mutisme du doigt sur nos lèvres closes.

Notre Dieu, toi qui es la Parole même, nous te remercions pour le silence, où nos vies reposent. Amen.

Repose-nous

Notre Dieu, nous te demandons de laisser le repos venir à notre cœur, à notre pensée et à notre corps afin que nous puissions faire halte et nous démettre de ce qui tourbillonne, se bouscule et s'encrasse en nous. Tu le sais : malgré les apparences que nous nous donnons d'être calmes et organisés, détachés et concentrés, en réalité, nous ne faisons pas trêve avec nous-mêmes. Nous remplissons notre temps comme une armoire comble. Nous entassons nos années comme un amoncellement de tâches et de retards. Nous bourrons nos vies, sans nous laisser d'espace pour les vivre. Nous allons de travaux en divertissements, et nous ignorons le repos.

Ô Dieu, repose-nous, toi qui as pris le septième jour pour regarder, apprécier et chômer de ta propre fatigue. Repose-nous, toi qui commandes de faire relâche en mémoire de notre liberté, toujours réelle, en présence de notre communion, toujours possible, en attente de l'achèvement de ton royaume, toujours annoncé.

Fais que nos repos ne nous effraient pas, nous qui

savons mal user de la liberté du temps. Fais que nos repos ne nous dissolvent pas, nous qui savons mal vivre le silence et le calme, le retrait et la retraite. Car nous voudrions que le repos cesse d'être pour nous une hygiène et un devoir, une obligation et une résignation, pour advenir en nous tel le soleil qui s'attarde au soir, telle la nuit qui ensevelit les insuffisances, tel le sommeil qui éveille les songes, telle l'aurore aussi, qui nous retrouve dispos.

Repose nos cœurs, ces chevaux, que tirent à hue et à dia nos passions.

Repose nos esprits, ces antichambres, où se pressent les solliciteurs.

Repose nos corps, ces maisons, où la poussière se dépose.

Repose-nous, toi qui as disposé les rythmes du monde, le jour et la nuit, l'hiver et l'été, l'allant et le silence, la parole et le sacrement, la bouche et la douceur de la main, l'oreille et l'effleurement du geste, l'animation et l'apaisement de l'amen.

Nous te demandons le repos de nos vies, à toi qui es le Dieu de la Parole vivante, mais aussi de la paix accomplie. Amen.

II.

Précautions

La colombe et le serpent

Tu es un Dieu qui a toujours besoin de nous dire deux choses à la fois : la bonté de la création et le gâchis de la défiance, la libération de l'exode et l'obéissance à la loi, la hardiesse de la prophétie et la réflexion de la sagesse, le royaume de la promesse et l'histoire des combats, le relèvement de la résurrection et la permanence de la croix, la passion et la patience, la colombe et le serpent.

Pourtant, ces deux choses, tu ne les confonds pas, sinon tu deviendrais un Dieu ambigu, qui nous montrerait toujours deux visages, si bien que nous ne saurions plus si nous pouvons encore t'appeler Dieu, ou si nous devrions plutôt te reconnaître hasard et destin, mutisme et nécessité, lumière ténébreuse, parole étouffée, printemps qui s'éteint en automne, révélation qui s'essouffle en résignation. Tu es vraiment celui qui toujours établit la création contre le chaos, la grâce contre le péché, la promesse contre l'oubli, la parole contre la défiance, la vie contre la mort, Pâques contre le Vendredi Saint. Tu es le Dieu des oppositions combattantes et des séparations victorieuses.

Mais ces deux choses, tu ne les omets pas non plus, sinon tu deviendrais un Dieu simplificateur et nous ne reconnaîtrions plus que ta réalité correspond à notre réalité. Tu nous deviendrais un Dieu étranger et irréel, alors que tu es un Dieu étrange et réel. Tu te situes dans notre vocation et notre abandon. Tu nous situes dans ton exigence et ton pardon. Tu n'es pas le juste milieu, car tu vas aux extrêmes de la colère et de la pitié. Mais tu es le milieu juste, car tu traverses la vie pour la bénir et la mort pour la bannir. Tu ne contournes pas. Tu ne biaises pas. Tu traverses et nous fais traverser.

Alors, donne-nous à la fois la simplicité annonciatrice de la colombe avec la prudence calculatrice du serpent, afin que nous aussi nous puissions traverser la durée de la vie, sans la contourner.

Au nom du Père, qui appelle, du Fils, qui vient et du Saint-Esprit, qui tient. Amen.

L'enthousiasme et le dérisoire

Notre Dieu, tu aimes les enthousiastes, ceux qui s'enflamment et qui saisissent chaque matin leur vie comme un grand filet où tout fait ventre, ceux qui voient clair dans ce qu'il faut faire et dire, ceux qui vibrent au journal comme à la Bible, ceux qui donnent de l'allant à la quotidienneté, si bien qu'elle en devient pittoresque et saisissante, tous ceux qui multiplient, spontanément, la saveur, la couleur et l'odeur du monde.

Mais, ô notre Dieu, pourquoi n'aimerais-tu pareillement ceux qui, tout aussi spontanément, murmurent l'inquiétude et l'hésitation, parce que tu leur as donné capacité de voir à la fois l'endroit et l'envers de tout ce qui est, ceux que tente la voix silencieuse du dérisoire que dans ta bonté tu veux bien appeler prudence, sobriété et peut-être sagesse.

Car, tu le sais aussi bien que nous, les enthousiastes, eux aussi, sont peuplés de démons, dont ils ne veulent pas faire l'aveu : le démon de la colère, qu'ils croient sainte et le démon de leur vitalité, qu'ils confondent avec la tienne, le démon de l'exaltation, qui les installe dans la tribune et le démon de l'énergie, qui épuise les autres, avant de les épuiser eux-mêmes. Moïse était énergique et son beau-père, le païen Jethro, a dû lui conseiller d'en faire moins et de ne pas demeurer puissant et solitaire (Exode 18,18). Saint Pierre était enthousiaste et Jésus a dû le rassurer trois fois après qu'il a chuté dans son triple reniement (Jean 21,17).

Notre Dieu, pardonne aux enthousiastes, qui ne savent pas assez fortifier leurs frères, indécis, et pas assez renouveler leurs forces, épuisables. Ne leur en veux pas, mais pardonne-leur, pour que leur feu brûle, sans ravager le terrain et sans s'effondrer en cendres, toi qui t'es symbolisé dans «le buisson de feu, qui n'était pas dévoré par le feu» (Exode 3,2).

Notre Dieu, pardonne à ceux que ronge la lèpre du dérisoire. Donne-leur la force de se combattre eux-mêmes, sans se haïr. Donne-leur une cuirasse intérieure, pour qu'ils cessent de se déprécier, en confondant la santé de l'humilité avec la maladie de la critique. Donne-leur un armement extérieur, afin qu'ils découvrent et qu'ils pratiquent la force et la joie de la conviction, de la convocation et du combat.

Notre Dieu, pourquoi parlons-nous de ces deux races d'hommes, comme si elles étaient races antagonistes et étrangères l'une à l'autre, alors que chacun de nous oscille de l'une à l'autre, selon les moments de sa vie. Nous ne te demandons pas de nous supprimer les oscillations. Nous te demandons, au milieu de chacune d'entre elles, de ne pas perdre le nord. Car tu ne mets pas à l'abri des tentations, mais, dans les tentations, tu es celui qui peut nous délivrer du mal, le double mal de l'enthousiasme, meurtrier et fragile, et du dérisoire, silencieux et anéantissant. Dans la violence de nos passions opposées, viens donc mettre l'opposition de ta passion recréatrice. Amen.

La prophétie et la sagesse

Notre Dieu, tu as bien mis dans ta Bible la prophétie pour nous secouer, nous réveiller, nous révolter, nous relever, nous qui toujours baissons la tête et les bras, et qui mettons le cœur en berne. Tu es comme le photographe qui nous ordonne de crier, de rire et de vivre, car sans lui, sans toi, nous resterions moroses, comme les enfants assis sur la place, pour lesquels on joue de la flûte et ils ne dansent pas, auprès desquels on entonne un chant funèbre et ils ne pleurent pas (Luc 7,32).

Oui, ô Dieu, sans la prophétie nous resterions assis, comme si rien ne se passait, ni en arrière, ni au milieu, ni en avant. Sans la prophétie la vie est grise, l'histoire est plate, la terre est creuse, nos vies sont des feuilles mortes que n'aspire aucun vent.

Mais tu veux bien que j'ajoute aussi, ô notre Dieu : quand il n'y a que la prophétie, la parole frôle le délire, les annonces messianiques titubent entre le fanatisme et la puérilité. Il y a des jours où il suffit que j'entende : c'est prophétique, pour savoir que c'est menteur, bluffeur, meurtrier et raté.

Heureusement, mon Dieu, que tu as aussi mis dans ta Bible la sagesse et tous ces proverbes qui sont si peu prophétiques et tellement terre à terre que nos pieds s'y retrouvent et que nos mains les tâtent comme des bons fruits dans le temps présent.

Oui, ô Dieu, sans la sagesse nous resterions debout à toujours gesticuler, comme ces agités qui croient qu'à force de prédire ils vont produire et qu'en criant ils se feront mieux croire. Sans la sagesse la vie est bouffie, enflée comme une baudruche.

Nous te remercions, notre Dieu, que dans ta Bible, dans nos vies, dans nos amours, il y ait la prophétie et la sagesse, un temps pour s'enflammer et un autre temps non pour s'éteindre, mais pour durer, un temps pour Esaïe, pour Jérémie, pour Ezéchiel, et un temps pour Salomon, pour l'Ecclésiaste, pour le Siracide, un temps pour que je me lève et un temps pour que je m'assoie, un temps pour la hâte et un temps pour la halte.

Ô Dieu, je te remercie d'avoir autant de temps différents que j'en ai besoin pour vivre toute ma vie. Amen.

La libération et la soumission

Seigneur notre Dieu, tu es le Dieu de l'exode et de la libération. Tu appelles ton peuple hors de l'oppression, qui asservit l'âme à la résignation, qui asservit le corps à l'exploitation. Tu as sorti les tiens, à main forte et à bras étendu, de l'endurcissement de Pharaon. Tu as ouvert la brèche, pour que les esclaves deviennent des fugitifs libérés et ne demeurent pas des fuyards craintifs. Ta Pâque est notre passage, personnel et collectif, de l'empire de la nécessité vers le pays de la liberté et de la jouissance.

Nous le reconnaissons, ô Dieu, nous avons caricaturé ton visage, quand nous t'avons confondu, toi le Dieu vivant et vivifiant, avec les dieux, morts et mortifères, de la surveillance et de la méfiance, de la défense et du maintien de l'ordre, quand il n'est que désordre à tes yeux. Pourquoi donc avons-nous fait de Canaan une nouvelle Égypte et de nos églises des sacristies, chargées d'épier et de dénoncer ? Pourquoi avons-nous donné à croire au monde que tu étais Zeus jaloux de Prométhée, alors que tu es Jahvé, qui offre à Adam la création entière ? Pourquoi t'avons-nous présenté comme une menace sur notre liberté, alors que tu en es le tremplin?

Pardonne-nous, ô Dieu, pour avoir pris ton nom en vain et pour avoir opposé ta création à notre libération.

Mais, Seigneur notre Dieu, tu restes le même quand tu nous appelles à la soumission, qui est service et non pas résignation. Tu restes le même, quand tu donnes la loi au Sinaï, que lorsque tu ouvres les flots à la mer Rouge et au Jourdain. Tu restes le même, quand tu enrôles les tiens dans l'obéissance, après leur avoir donné la délivrance. Tu ne te rétractes pas, tu ne te contredis pas, quand tu conduis de la captivité à la libération et de la libération à la libre soumission. Ta Pâque introduit à ce baptême, où librement nous nous rendons esclaves de toi, esclaves les uns des autres.

Nous le reconnaissons, ô Dieu, nous caricaturons aujourd'hui ton visage quand nous n'osons plus parler ni de soumission, ni d'obéissance, ni d'esclavage en Christ, comme Christ, avec Christ, par peur de déplaire aux mœurs du temps présent, comme autrefois il déplaisait aux mœurs du temps passé d'annoncer la libération. Pourquoi donc t'avons-nous défiguré, comme si tu étais toi-même Prométhée révolté et non pas l'invitation faite à Adam? Pourquoi t'avons-nous présenté comme exaltation de notre liberté, alors que tu en es le destinataire?

Pardonne-nous, ô Dieu, pour avoir pris ton nom

en vain et pour avoir opposé ton service à notre liberté.

Libère-nous de l'oppression du destin et engage-nous dans la soumission de l'amour. Amen.

De l'un et de l'autre

Tu me connais et tu le sais : je suis simple, au point de m'apparaître superficiel. Comme tout le monde, j'ai besoin de gaieté et de sécurité. Je redoute la nuit, où montent les rumeurs sans visage, où s'approchent les rôdeurs sans voix. La gaieté doit m'advenir d'un regard qui s'éclaire et d'une main qui me sourit. Je n'ai pas assez de ressources en moi-même pour alimenter cette gaieté, quand le silence me tourne le dos et quand j'essuie machinalement la poussière de ma mémoire. Il me faut aussi la sécurité, une adresse dans une ville inconnue, un papier où mon nom inscrit protège mon insignifiance, une famille qui ne s'étonne pas que je m'y accroche, une église où je retrouve les chants, les textes et les mouvements, même une foi, dont je ne m'offusque pas qu'elle soit aussi mon porte-clef, mon mouchoir, mon miroir et mon poudrier.

Tu me connais et tu le sais : je ressemble à tout le monde. Je n'ai rien d'original. Je suis un enfant, qui a besoin de dodeliner dans le dos de sa maman et de tenir son papa par le bout de son petit doigt. Sans gaieté et sans sécurité, me voici effrayé.

Tu me connais et tu le sais, je suis compliqué, au point de m'apparaître insaisissable. Je suis différent des autres. J'ai besoin de remue-ménage et d'interrogations. J'aime la nuit où l'on peut se taire. J'aime chanter, quand personne ne peut m'entendre. Je me sens mieux parmi les inconnus que parmi les familiers, avec lesquels il faut entretenir une trop longue conversation. Il suffit que l'on me parle de famille, de paroisse et de religion pour que je m'ébroue, tel le chien que l'on a jeté dans l'eau trop froide, trop chaude et surtout trop tiède. Toujours je vais ailleurs, comme si la tranquillité m'inquiétait, la gaieté me lassait et la sécurité même m'endormait.

Tu me connais et tu le sais : je suis différent. Je suis un adolescent qui n'en a jamais fini de bouger et de changer, de bouder et de renâcler, car il se déconcerte le premier lui-même. Sans émoi et sans effroi, me voici dans l'ennui.

Mon Dieu, tu me connais et tu le sais : je suis l'un et l'autre, un enfant et un adolescent. Mais arrive-t-on jamais ici-bas à devenir un adulte ? Amen.

Le possible et l'impossible

Notre Dieu, tu as dit « ce qui est impossible aux hommes est possible à Dieu » (Luc 18,27). Veux-tu donc que nous te prenions pour le grand magicien que notre raison refuse et que notre foi déteste ? Et comment alors empêcher les incroyants de traiter les croyants en crédules et les incrédules en raisonnables ? Comment veux-tu que nous te défendions, quand tu te rends toi-même indéfendable ? Comment veux-tu que nous sautions dans le vide de notre incompréhension, même si tu souhaiterais que nous l'appelions la plénitude de ta providence ?

Pourtant tu n'as rien d'un magicien. Tu n'agis pas pour nous stupéfier, afin de nous mener par le bout du nez. Tu agis par interrogations, pour nous mener au bout de la foi. Ai-je bien compris que ton impossible s'adresse à mon incrédulité et non à ma crédulité ? Ai-je bien saisi que tu accomplis tes promesses, là où l'homme met ses doutes et non la nature ses lois ? Ai-je bien vu que les quatre femmes qui entrent dans les grand-mères de ton fils sont Rahab, une prostituée païenne, destinée à l'écrasement par la conquête, Tamar, une veuve privée de descendance, destinée à la ruse, Ruth, une étrangère, destinée à la méfiance, Bath-Schéba, une adultère, destinée au mépris, et jusqu'à Marie, une mère sans mari, destinée à la répudiation ? Ai-je bien compris que tu viens là où il est impossible que tu viennes, en Galilée et non en Judée, à Nazareth et non à Jérusalem, chez le peuple inconnu et non chez ceux qui connaissent déjà que tu les connais ? Ai-je bien compris que tu veux là où il est impossible que tu veuilles ?

S'il en est ainsi, mon Dieu, mets ton impossible dans ma vie qui voudrait et qui ne peut pas. Mets ton impossible là où je borne la limite de mes attentes. Si tu le veux, donne-moi de croire, moi qui n'ai pas ta grâce, comme le disent ceux qui croient l'avoir. Donne-moi d'aimer, moi qui ai le cœur inconstant, rétréci, ou réfrigéré. Donne-moi d'espérer, moi qui sais très vite percevoir l'illusion et la fascination dans la promesse. Donne-moi de dire, moi qui ai peur des affirmations et donne-moi de me taire, moi qui parle en vain. Donne-moi de mourir à ce dont je voudrais me défaire et donne-moi de naître à ce qu'il y a encore à faire.

Mon Dieu, il était impossible que ce soit vraiment ton Fils unique qui meure comme un homme, comme un incapable, comme une victime quelconque. Et il était encore plus impossible que ce mort soit relevé de notre avenir à tous, la mort normale, la mort de la déchirure d'abord, et de l'oubli ensuite.

Mais voici que ces impossibles sont devenus possibles, puisqu'ils ont tous été réels.

Ô Dieu, mets ton impossible dans notre possible, pour que nous y vivions notre réalité. Amen.

L'élection et l'exclusion

Notre Dieu, tu es le Dieu de l'élection. Ton amour choisit selon ton plaisir, qui n'est pas l'arbitraire de ton bon plaisir, mais l'élan de ta tendresse, la fougue de ton attachement. Ainsi, toi qui es le Dieu de toute la terre, de toutes les nations, de toutes les cultures et de tous les tempéraments, tu as pourtant commencé par choisir d'être le Dieu d'un seul canton, d'un seul peuple, d'une seule culture et d'une seule nature, Israël. Tu n'es pas le Dieu général des universalités abstraites. Tu es le Dieu électif d'un unique amour, avoué et nommé, attaché et têtu, exclusif comme le cœur, qui revient sans cesse vers l'élu de son choix.

Tu souhaites qu'à ton image nous aussi nous sachions vivre d'élection, car c'est toujours choisir qu'entrer dans la foi et vivre la foi dans telle église, qu'aimer telle femme et tel homme, sans pouvoir ni vouloir s'en dégager, que voter pour tel parti et non pas pour tel autre. Ô Dieu! donne-nous cette joie de l'élection, qui est droiture de l'esprit, délice de l'ai-mantation, simplicité de la conviction. Mets l'élection au centre de nos désirs, comme un unique visage fleurit notre mémoire, notre présence et notre attente.

Mais comment ne vois-tu pas que dire élection c'est aussitôt provoquer l'exclusion? Que de fois, notre Dieu, nous nous sommes ressentis exclus, justement par ceux qui croient, plus que nous, par ceux qui s'aiment, sans nous, par ceux qui votent autrement que nous et contre nous? Que de fois nous avons souffert du choix des élus et nous nous sommes méprisés pour les avoir enviés et finalement haïs. Que de fois nous nous sommes trouvés au-dehors, devant les portes fermées et hostiles des églises, à longer les murs des propriétés privées, à détester les barrières et les barricades, où siège l'autre camp.

Alors nous te regardons à nouveau : et voici que toi, le Dieu de l'élection, tu te tournes justement, de manière préférentielle, vers les exclus. Voici que tu n'as jamais trouvé en Israël une foi aussi grande que chez la femme cananéenne, qui habitait le territoire de Tyr et de Sidon ou que chez le centenier romain de Capharnaüm.

Ô Dieu, aide-moi à comprendre et à vivre que ton élection est justement pour moi, quand je me ressens exclu. Donne aux exclus la liberté heureuse d'entrer dans l'élection et donne aux élus l'inquiétude salutaire de se retrouver peut-être au-dehors. Car les derniers seront les premiers et les premiers derniers. C'est le jeu de ta grâce avec notre foi. C'est le jeu de la vie avec Toi. Amen.

La violence et le respect

Notre Dieu, apprends-nous ta violence, quand nous n'osons ni affirmer ni affronter. Mets en nous des convictions, en lieu et place de nos hésitations et de nos confusions. Apprends-nous à trancher, au lieu de ménager et de retarder. Car sans violence, y a-t-il encore vouloir et sans volonté y a-t-il encore la foi, l'espérance et l'amour?

Si nous sommes à ton image, rends-nous violents, comme tu l'as été toi-même, pour t'emparer du cœur de ton peuple, pour refuser son péché et refuser aussi son découragement, pour t'insurger contre son hypocrisie et briser aussi sa captivité.

Ô Dieu, que la violence soit en nous non pas l'instinct de la possession, mais l'instant de la décision. Sans cette violence salutaire nous traînerons sans cesse notre scepticisme ou notre nostalgie. Nous serons les victimes consentantes de nos résignations et de nos complaisances. Fais que la violence en nous soit de vocation, afin que nos vies ne demeurent pas en abdication ni en désolation.

Notre Dieu, nous te prions pour tous les violents

de la terre. Nous voulons apprendre d'eux le risque et le choix, la passion et le combat, l'engagement et la résolution, le martyre sans doute, quand il n'est pas un chantage amer, mais la seule route possible à la persévérance de la foi. Les violents, as-tu dit mystérieusement, «arrachent le Royaume de Dieu» (Matthieu 11,12). Place-nous au sein de ces arracheurs, toi-même qui as violemment subi sur la croix l'aboutissement de ton combat.

Mais, ô Dieu, si tu nous veux violents, tu nous veux aussi totalement respectueux de tous et de chacun. Tu n'as jamais soufflé sur un lumignon, pour tout simplement l'éteindre. Tu n'as jamais pris plaisir à juger, ni à accabler. Tu as refusé de faire descendre le feu du ciel sur le village qui ne voulait pas te recevoir, comme le demandaient tes disciples. Tu as invité; tu n'as pas contraint. Ton respect a été si loin que tu es devenu l'accusé, toi qui étais le juge et l'innocent. Tu es mort par respect envers tous ceux qui te voulaient violence, et ton respect est la réfutation définitive de ta prétendue tyrannie.

Ô Dieu, apprends-nous la violence, pour que nous sachions choisir.

Ô Dieu, apprends-nous le respect, pour que nous puissions aimer.

Au nom de Jésus-Christ, qui a choisi de nous aimer, quel qu'en soit le prix, afin que nous aimions choisir son nom, sa route et sa réconciliation. Amen.

Je ne parle qu'en mon nom

Ô Dieu, préserve-moi de me croire le porte-parole des autres, et particulièrement de ceux que j'imagine sans voix dans ton Église, comme si j'étais leur avocat indigné, leur interprète qualifié, leur député ou leur tribun. Délivre-moi de toutes ces fonctions usurpées qui me surélèvent abusivement et qui réduisent au silence ceux-là mêmes que je dis représenter.

Car je ne suis pas le porte-parole, ni des incroyants, ni des malcroyants, qui ne m'ont pas chargé de traduire leur révolte, leur anxiété et leur indifférence, ni de faire la leçon à ceux que je désigne comme les bien-pensants traditionnels. Ô Dieu, si je dis mon refus, mon procès ou mon apathie, c'est de moi que je parle, en toute nudité et franchise.

Car je ne suis pas le porte-parole ni des pauvres, ni des opprimés, qui ne m'ont pas chargé de prêter ma voix à leurs souffrances et à leurs joies, ni de faire la leçon à ceux que je juge les possédants et les oppresseurs. Ô Dieu, si je dis ma faim, ma soif et mon manque, c'est de moi que je parle, en toute humilité et véracité.

Car je ne suis pas le porte-parole, ni des marginaux, ni des illettrés, ni des condamnés, ni des exclus, qui ne m'ont pas chargé d'être leur ambassadeur, ni d'accuser en leur nom ceux que j'appelle les bourgeois, les paroissiens et les fidèles. Ô Dieu, si je dis ma honte et ma peur, mon embarras et ma solitude, c'est de moi que je parle, en toute vulnérabilité et hésitation.

Je ne te parle qu'en mon nom, car je suis un homme parmi tous les autres hommes, en son rang, un chrétien parmi tous les autres chrétiens, seulement à sa place. Je te parle en mon nom, comme le fait chacun d'entre nous. Je te parle avec tous, parce que je suis au milieu de tous. Délivre-moi de toute suppléance, de toute préséance et de toute présidence. Donne à chacun sa propre voix, sa propre souffrance, sa propre vie et sa propre mort. Car il n'y a qu'un seul Père et maître, toi seul, et nous sommes tous frères, variés et pareils. Au nom de Jésus-Christ, le seul qui a vécu, qui est mort et qui est ressuscité pour nous tous, et pour chacun de nous. Amen.

Paix, paix, paix

Notre Dieu, les hommes disent paix, paix, paix, mais ils le disent non parce qu'ils aiment leurs ennemis, mais parce qu'ils accusent les autres d'être des fauteurs de guerre, ou parce qu'ils ont peur pour leur propre tranquillité, leur propriété et leur sécurité.

Les hommes disent paix, paix, paix, et pendant ce temps, silencieusement, leur cœur murmure : soupçons, mépris, tactique, ou encore crainte, abandon, neutralité.

Les hommes parlent de paix, quand leur situation les avantage ou quand l'avenir les menace. Ils se servent de la paix pour chercher la paille qui est dans l'œil de leurs adversaires, et pour oublier la poutre qui est dans leur propre œil. Les hommes tiennent le langage de la colombe, mais ils ne desserrent pas leurs pattes de vautour.

Ô Dieu, qu'il est difficile de parler de la paix, même dans ce monde terrible où la course aux armements va plus vite encore que la course à la famine, où la vente des armes est devenue une part substantielle de notre balance commerciale, et où, nous le savons tous, l'humanité dispose désormais de moyens prodigieux pour s'anéantir elle-même.

Notre Dieu, quand nous parlons de paix, préserve-nous des indignations faciles et vertueuses, unilatérales et inefficaces. Apprends-nous que la paix commence avec ceux qui sont nos adversaires et non pas avec ceux qui sont nos partisans. La paix commence quand je cherche à écouter et à négocier, mais non pas quand je continue à accuser et à découper le monde en camps irréconciliables. La paix commence quand je cherche la désescalade, et non pas quand je loge ici le bien et là le mal. La paix commence quand je suis prêt à en payer moi-même le coût et non pas quand j'ai trouvé d'autres boucs émissaires que je charge du mal et du malheur de l'humanité.

Ô Dieu, en ce temps où s'accumule la honte des armements, de leurs dépenses stérilisantes et menaçantes, fais de nous des artisans de paix. Plonge-nous dans les analyses politiques et économiques. Nous te prions pour les gouvernants et pour les opinions publiques, pour les journalistes et pour les informateurs, pour les partis et pour les syndicats, pour les multiples associations qui ont pris à cœur d'éviter la guerre et de fabriquer la paix. Mène-nous tous vers la désescalade des peurs et des menaces, des armements et des budgets militaires. Pacifie entre nous les rapports internationaux.

Car tu es venu pour porter ta guerre de justice, de

vérité et de liberté contre nos guerres de privilèges, de propagandes et de domination.

Au nom de Jésus-Christ, qui est mort dans notre guerre contre toi, pour nous ouvrir à ta paix envers nous. Amen.

Nous ne sommes pas des surdoués en la foi

Notre Dieu, notre foi est une feuille de platane, qui flotte au vent, une flamme de bougie, qui tremblote, un filet de voix, qui cherche son timbre. Nous ne disons pas que notre foi est par terre, ni qu'elle est éteinte, ni qu'elle est muette. Mais voici, notre foi est menue et mal assurée. Nous ne sommes pas des surdoués en la matière.

Et même, nous n'aimons pas les surdoués, qui savent par cœur les versets et les réponses, qui ont dans leur valise un complet dogmatique, toujours bien repassé, qui chantent leurs évidences à cœur joie et dont les joues ruissellent de ferveur huileuse. Nous n'aimons pas les trop croyants, nous qui sommes des menus croyants, des demi-croyants, des incroyants qui doutent de leur incroyance, des mal-croyants, qui nagent entre les eaux de la présence et de l'inexistence, des croyants, qui ont mal au cœur avec leur foi.

Cependant de cette insuffisance nous ne tirons pas vantardise. Nous ne sommes vaniteux ni de notre scepticisme à la Voltaire, ni de notre athéisme à la Sartre, ni de notre agnosticisme à la Freud, ni de notre antireligiosité à la Marx, ni de notre antichristianisme à la Nietzsche. Nous ne sommes pas orgueilleux de ne pas ressembler à ceux qui ont l'infirmité, la faiblesse, la médiocrité et le conformisme de croire, d'aller au culte, de prier et de t'appeler encore Dieu. Nous ne nous jugeons pas supérieurs aux chrétiens attardés. Nous n'avons pas remplacé l'assurance de la foi par l'assurance de l'athéisme. Nous ne sommes ni les surdoués de la foi, ni les surdoués de la non-foi.

Alors, mon Dieu, que peux-tu faire pour nous et que pouvons-nous faire pour toi ? Pourrais-tu avoir l'obligeance de nous accepter tels que nous sommes, comme tu as ouvert tes bras à l'enfant prodigue, sans l'obliger d'abord à se repentir, à proclamer sa foi et à chanter ta grandeur ? Pourrais-tu avoir l'obligeance et la gentillesse, la bonté et la générosité, de préférer notre visage réel à tout masque, trop sérieux, trop serein, trop assuré, qu'il faudrait revêtir pour te plaire ? Et pourrions-nous croire que tu n'es pas venu pour les surdoués de la religion, mais pour les mal-doués de l'existence, quand ils viennent à toi le cœur aussi simple, démuni et confiant qu'une feuille de platane entre deux vents, qu'une flamme de bougie entre deux souffles, qu'une voix d'homme entre deux tremblements ? Car tu ne convoques pas les surdoués dans une Église d'élite. Tu cherches, tu trouves les mal-doués, et c'est avec eux que tu chemines jusqu'au Royaume de ta vie et de leur vie. Amen.

Nous aimerions pouvoir croire

Notre Dieu, nous aimerions croire, avoir pour nos vies une parole qui ne monte pas de nous-mêmes, mais qui nous en fasse sortir. Nous aimerions que la foi revienne plus forte en nous que la crise et que le doute. Nous aimerions bien parier que tu es notre vérité.

Mais nous sommes au-dehors et ceux qui sont au-dedans ne nous persuadent pas. Parfois, nous collons notre visage aux vitres et nous les voyons qui parlent et qui prient, qui chantent et qui s'assemblent. Nous les voyons dire qu'ils s'assemblent en ton nom, mais ce nom nous demeure étranger et vide. Alors nous ne franchissons pas la porte et nous nous éloignons. Nous disons que nous aimerions croire, mais nous ne le faisons pas.

Allons plus loin, nous ne sommes pas sûrs que la foi soit nécessaire, ni même utile à la vie, comme l'est le levain à la pâte, le sel à la terre, la sève aux sarments. Nous ne sommes pas sûrs que le contraire soit moins probant ; car si la foi est une illusion, perdons-la ; si la foi est un encombrement, lâchons-la ; si la foi

est un orgueil, supprimons-la ; si la foi est un handicap, coupons-la.

Tu le vois, notre Dieu, nous ballottons : un jour,
nous désirons la foi et l'autre jour, nous la décrions.
Peut-être commencerons-nous ainsi à apprendre
que rien ne nous l'impose et que rien non plus ne
nous l'interdit. Peut-être commencerons-nous ainsi
à comprendre que la foi est l'acte même de notre
liberté, sans avantages et sans alibis. Peut-être surtout
commencerons-nous à deviner que ce cadeau nous
est constamment offert, pour le jour où nous déci-
derons de le prendre. Car le seul secret de la foi est
qu'elle n'en a pas d'autre que le secret de notre
liberté. La foi est une histoire, à laquelle j'associe
librement mon destin pour vivre sur ce chemin où tu
lèves et tu relèves incessamment les hommes, où tu
attaques et tu réconcilies, où tu convoques et tu
annonces. Mets la foi en moi, pour que je puisse me
mettre en la foi.

Au nom de Jésus-Christ, qui a marché sa vie dans
la foi en toi. Amen.

Je m'agace

Seigneur Jésus, le Christ, je m'agace de ceux qui prononcent ton nom, comme s'il devait ouvrir toutes les serrures, clore toutes les hésitations, mettre un terme évident à la perplexité de qui tâtonne dans l'incroyance, la demi-croyance et la mal-croyance. Car moi, soyons honnête, je ne trouve aucune vertu magique à ton nom.

Je m'agace de ceux qui disent que personne n'a aimé jusqu'au bout comme toi, comme si tu étais vraiment le seul à avoir offert la totalité de son élan, à avoir souffert la non-réciprocité de la passion et à avoir vécu la nuit de la solitude. D'ailleurs qu'ai-je à faire d'une histoire d'amour, vécue par un autre et qui concernerait soi-disant tous les hommes? Car moi, soyons honnête, je ne trouve aucune vertu magique à ton amour.

Je m'agace de ceux qui décrient les sentiers relatifs à cause de ton chemin absolu, et qui acceptent trop aisément les avortements de l'intelligence et de l'audace, de la sensation, de la sensualité et de la sensibilité à cause du sens ultime, qui serait en toi. Car moi, soyons honnête, je ne trouve aucune vertu magique à ton radicalisme.

Si l'on me tient pour un sceptique et pour un désolateur, Seigneur Jésus, le Christ, tant pis pour moi. Car je n'ai pas la possibilité de taire mes humeurs devant tous ceux qui m'ont l'air de t'avoir choisi pour fétiche.

Pourtant, personnellement, il me semble bien que, si Dieu existe, il devait nous visiter, comme il l'a fait en toi : événement nouveau dans l'histoire et non pas symbole ancien de la pensée ; vrai Dieu venu, parce que vrai homme vécu ; événement, simple et réaliste ; agneau, qui connaît les loups ; avènement unique pour nos imitations multiples ; Fils unique du Père et frère aîné de tous les hommes ; parole nette et existence difficile ; Verbe éternel et parole refusée ; prétention incroyable et incognito déconcertant ; ta prédication et ta passion ; faiblesse visible et puissance attestée : Noël, Vendredi Saint, Pâques et l'Ascension.

Si j'écoute presque tous ceux qui t'ont à la bouche, je m'agace. Mais si je te regarde, je m'étonne, car je n'en suis pas à souhaiter que tu n'aies jamais été. Amen.

Paraboles

Notre Dieu, comme tu es malin et bon de nous parler toujours en paraboles, car elles n'ont rien du pédantisme vide des concepts, rien du silence énigmatique du tragique, rien de la platitude stérile des conseils. Dans tes paraboles tu nous racontes à nous-mêmes, comme dans un film ou dans un roman policier, par les résonances de ce qui est tel qu'il est, sans fioritures, ni élévations, jusqu'à ce moment, simple et subtil, où tout à coup rien ne se passe comme il serait normal que tout s'achève. Ton grain de folie touche notre cœur, d'abord stupidement embrasé, puis tristement assagi. Tu préfères une brebis égarée à cent brebis tranquilles, que tu ne blâmes pas pour leur tranquillité, mais pour leur allergie à ta folie. Tu préfères le blé qui pousse avec l'ivraie au blé aseptique de nos monocultures religieuses, morales et idéologiques. Tu loues un voleur, assez malin pour ne pas se résigner à sa juste faillite. Tu te révèles à Abraham, incapable de convertir sa propre femme à son espérance, à Isaac, incapable de comprendre la foi de son père, à Jacob, incapable d'acquérir la bénédiction de l'amour sans voler son frère. Tu te révèles dans des histoires surprenantes.

Ta plus grande parabole tu l'as jetée sur la terre dans l'histoire de ton fils, si humiliante par l'inévitabilité de son échec, si déconcertante par la fécondité de sa victoire. Tu as jeté Jésus-Christ au monde, de tous les temps et de tous les lieux, pour nous déjeter de nos fausses assurances et de nos faux désespoirs.

Avoue, ô Dieu, que tu es étrange, malin et bon, de nous enseigner ainsi la venue de ton règne par des paraboles, afin que nous cessions de croire avoir déjà compris ce que nous ignorons encore et que nous cessions aussi de croire encore incompréhensible ce qui déjà nous éclaire et nous touche, nous émeut et nous meut.

Notre Dieu, nous te louons et nous t'aimons, car tu viens sans cesse à nous en paraboles, comme il est écrit dans ton Évangile : «Tout cela, Jésus le dit aux foules en paraboles et il ne leur disait rien sans paraboles, afin que s'accomplisse ce qui avait été dit par le prophète : j'ouvrirai la bouche pour dire des paraboles, je proclamerai des choses cachées depuis la fondation du monde» (Matthieu 13,34-35). Amen.

Simple

Notre Dieu, tu sais combien il est compliqué de devenir simple, toi qui as pourtant dit : «Quiconque n'accueille pas le royaume de Dieu comme un petit enfant n'y entrera pas» (Marc 10,15). La simplicité n'est qu'au bout de la route, car auparavant il y a les nœuds et les boursouflures, les justifications et les explications, les prétentions et les dépressions, tout ce qui transforme nos vies en sac de ficelles et en tricot aux mailles perdues. Il y a nos envies de hausser les épaules ou de baisser les bras, nos manies de nous solenniser ou de nous déprécier, nos furies de saccager, nos ennuis de vivre et nos soucis de perdre.

Tu es un Dieu simple, si simple que nous préférons à toi les mythologies subtiles, les gnoses ombreuses et les idéologies péremptoires de scientificité invérifiable. Tu es beaucoup plus simple que l'homme, parce que tu vis à visage découvert et que nous, nous recouvrons ta parole du pédantisme de nos interprétations, tout comme nous recouvrons nos propres paroles du pédantisme de nos argumentations.

Ô Dieu, prends-nous par la main sur le chemin de la simplicité. Délivre-nous de la confusion et de l'abstraction des adolescents. Délivre-nous de la sclérose et de la secrète résignation des adultes. Délivre-nous du radotage et de la stérile expérience des vieillards. Délivre-nous de la morne complication des comités et de la banale répétition des prédications. Délivre-nous de l'affligeante litanie des bons conseils et de la marée meurtrière des accusations. Délivre-nous de tous les adversaires qui campent autour de moi et qui déjà font demeure et ripaille en ma maison : l'incompréhension, l'insatisfaction, l'infatuation, et même l'indignation, quand elle me verrouille en propre justice.

Donne-nous la grâce de la simplicité, si bien que nos mots trouent l'opacité des discussions, que nos mains touchent la raideur des nuques et la douceur des joues, que nos gestes libèrent l'envol de nos convictions et surtout que nos actes signent la véracité de nos cœurs.

Toi, le Dieu simple, qui n'as qu'une parole et qu'un seul Fils, qu'un souffle et qu'un seul Esprit, donne-nous la simplicité pour que nous nous avancions vers ton royaume comme des petits enfants étonnés de ne pas s'être trompés et de ne pas être trompés. Amen.

III.

Détresses

Détresse des gâchis

Notre Dieu, tu nous donnes un cœur pour savourer la bonté de ta création, un corps pour y habiter avec force et avec grâce, une vie pour user des occasions de donner et de demander, une mort pour ne pas rêver d'une immortalité mensongère. Mais tout cela, nous le gâchons. Ce cœur, nous le gardons sec ou craintif, ce corps nous l'étouffons ou nous le dispersons, cette vie nous la convoitons ou nous la regrettons, cette mort nous la fuyons ou nous y sombrons. Pour le gâchis de ta création, Dieu nous te demandons pardon. Ce pardon donne-le nous, afin que nous retrouvions la paix et peut-être la joie, fût-ce dans la lutte et au travers de la détresse. Viens, toi qui renouvelles sans cesse les hommes, la terre et les cieux. Viens, tu nous ouvriras la porte de notre propre maison, tu balaieras et tu mettras une lumière sur notre table. Viens, quand nous nous sommes renfermés dans notre gâchis. Viens, Seigneur Jésus, toi qui, crucifié, as été enfermé dans ton tombeau, et qui, ressuscité par la puissante mémoire de Dieu ton père, traversas les murs des chambres closes et relevas les tiens du gâchis de leur nostalgie, de leur remords et de leur désillusion. Viens, si tu mérites de t'appeler la porte et le chemin. Amen.

Méfiance

Je me méfie de ceux qui font trop bien, qui parlent trop bien, qui savent trop bien, qui sentent trop
bien. Me manque en eux le trébuchement, qui les
distinguerait de l'horloge et les rapprocherait de mes
hésitations. Ils ont trop d'huile à leurs rouages et je
leur voudrais le grain de sable qui clignerait de l'œil
vers moi. Je me méfie qu'ils en aient déjà fini avec
leur identité et qu'ils correspondent tellement à leur
étiquette. Peut-être que je ne les aime pas assez, pour
supporter leur tranquillité et leur compétence.

Bien entendu, je me méfie de moi, car je ne sais
jamais où je vais atterrir, en sagesse ou en folie, en
appétit ou en déficience, en sympathie ou en allergie.
Me manque la constance, qui me distinguerait du
tigre encagé, qui sans cesse arpente les maigres mètres
carrés de sa prison. Je me méfie de mes métamor-
phoses, qui n'arrivent pas à connaître leur identité.
Peut-être que je ne m'aime pas assez, pour supporter
mon insécurité et mon inadvertance.

Mais je me méfie aussi de toi, car tu es trop
bon pour être vrai, trop loin pour être réel, trop

près pour être léger, trop clair pour être complexe, trop obscur pour être compris. Je me méfie de ne tenir à toi que par la peur de la dérive ou que par le désir de la continuité.

Mon Dieu, notre Dieu, tu ne méprises pas les méfiants. Tu ne leur fais pas reproche de douter des autres, d'eux-mêmes et aussi de toi. Tu n'as fustigé ni Élie, ni Jonas, ni Thomas, ni l'homme jeune qui t'a quitté, parce qu'il ne pouvait pas se quitter lui-même. Tu sais parfaitement que nous sommes plus compliqués que les enfants, plus soucieux que les oiseaux du ciel et plus frileux que l'herbe des champs.

Nous ne te demandons pas de nous vouloir autres que nous sommes. Nous te demandons seulement, dans nos méfiances, de nous savoir aimés par toi. Amen.

Errance

Notre Dieu, tu nous veux attachés par l'amour, comme toi tu t'es lié à nous par l'élection. Tu nous connais par notre nom, personnel et caché, comme nous te connaissons par ton nom, libre et voilé. Tu souhaites une humanité sans solitude, comme toi tu es unique en trinité.

Mais voici nous n'avons pas la passion de ta patience, ni l'élan de ta constance. Nous vivons en errance. Nous courons ici et nous abandonnons là. Nous nous exaltons, puis nous nous déprimons. Nous sommes comme l'herbe, qui a perdu racines. Nous nous envolons, puis nous nous desséchons. De nos entreprises, de nos aventures, le bilan est maigre, car nous semons sans récolter ou nous récoltons, en regrettant ce que nous avons semé. Nos vies nous poursuivent comme une ombre que nous n'arrivons pas à rencontrer en face. Nous errons, à force d'avoir couru sans atteindre.

Alors, il arrive que nous ne courons plus nulle part. Nous ne retrouvons plus le souffle et nous nous laissons aller aux vents qui tourbillonnent. Nous devenons ainsi des dégustateurs superficiels et des consommateurs égoïstes. Nous nous plaignons de la solitude, mais nous l'avons créée par notre fermeture, notre confusion ou notre lâcheté.

Sois assez bon, ô Dieu, pour nous arrêter et nous corriger. Sois assez bon, pour nous entourer et nous alléger. Sois assez bon pour retrouver ceux qui errent en eux-mêmes et pour leur réapprendre ton nom et leur nom. Car tu n'es pas un Dieu qui erre, ni qui abandonne, mais un Dieu qui cherche et qui trouve. Amen.

Tant de choses qui ne sont pas des fautes

Mon Dieu, je voudrais t'en parler à toi, qui es venu pour alléger et fortifier nos vies. Il y a tant de choses qui ne sont pas des fautes, mais simplement des difficultés, des nœuds, des vagues, dans lesquelles nous nous sentons emportés et où nous perdons pied, jusqu'à nous noyer, sans savoir pourquoi. Il y a tant de choses qui arrivent, sans que nous l'ayons ni cherché, ni voulu, ni compris et, peu à peu, tout à coup, voici que nous nous asphyxions dans le trouble, le regret, le remords et le noir.

Nous te prions pour tout ce qui n'est pas une faute et qui est pourtant devenu une détresse et une culpabilité. Tu ne nous demandes pas de nous repentir pour cela, car tu ne souhaites pas que nous jouions la comédie de la contrition, ni la tragédie de l'humiliation. Tu n'es pas l'un de ces affreux dieux, qui aiment l'homme fautif, pour pouvoir le sauver.

Même si ce ne sont pas des fautes, tu sais bien que nos vies sont pleines de ces erreurs, qu'il faut payer trop cher et de ces mirages qui vous laissent le cœur meurtri.

Nous t'en prions, viens alléger et fortifier nos vies, et la vie du monde entier.

Viens alléger la conscience qui s'agite en sa nuit, le souvenir qui remonte comme la vase et comme la bulle. Viens nous alléger de nos inutiles soucis. Aide-nous à alléger les autres par la bienveillance d'un sourire sans émoi, et par la confiance que n'a ébranlée aucune erreur, pourtant commise.

Viens fortifier l'estime que nous avons en nous perdue. Prends notre main, quand nos pieds ne nous portent plus. Tiens-nous debout, flageolants et pourtant vaillants, convalescents et pourtant guéris de la noirceur passée.

Il y a tant de choses qui ne sont pas des fautes, pour lesquelles il ne faut ni repentance, ni conversion, ni pardon. Mais tout simplement la légèreté et la force d'un doigt, qui fait revivre, ton doigt lié à notre doigt. Amen.

Je t'en supplie, ne t'en veux pas

Notre Dieu, nous intercédons, c'est-à-dire nous nous avançons et nous nous mettons en travers, pour tous ceux qui s'en veulent à eux-mêmes et qui s'entortillent dans leur propre dépréciation. Nous intercédons pour ceux chez qui la paix de la mort parle plus fort que l'appel de la vie et auprès desquels nous ne pouvons que murmurer inlassablement : je t'aime, tel que tu es.

Nous intercédons pour ceux qui ont été et qui sont éprouvés, si fort, qu'il n'y a plus en eux que faiblesse, si dur, que toute tendresse s'est d'eux retirée comme une marée trop lointaine, si cruellement, que toute parole agit en eux comme un repoussoir. Prends-les dans la vigueur de ta pitié, qui est plus forte que la maladie de l'apitoiement et plus douce aussi que la maladie de la trop grande vaillance.

Nous intercédons pour les peuples qui ont subi la souffrance et qui ont commis le mal, si bien que cette souffrance leur barre la délivrance de l'aveu. Car nous sommes ainsi agencés que nous éternisons les fautes et que nous nous nourrissons, comme les hyènes et les vautours, des résidus de la culpabilité.

Tu es un Dieu de franchise et de colère, qui prends en main les péchés de l'humanité pour les balayer au souffle de ta miséricorde. Car ta justice vaut mieux que la rancœur de l'homme, car «ta pitié dédaigne nos jugements» (Jean 2,13).

Je t'en supplie, ô Dieu, passe, pour que nous cessions de nous en vouloir et que nous soyons rétablis dans ta faveur et dans notre confiance. Passe, comme le ramasseur des ordures du monde, comme l'arroseur des déserts humains, comme le décorateur des vies esseulées, comme le visiteur du soir et du matin.

Nous l'avons quand même bien compris : tu ne veux pas que nous continuions à nous en vouloir, car c'est ainsi, c'est ainsi seulement, que nous rendons ton amour vain. Amen.

Nous avons du mal à supporter

Notre Dieu, nous avons du mal à supporter qu'il ne suffise pas de dire, pour que cela soit, ni de bénir, pour que cela dure, ni de maudire, pour que cela cesse. Nous avons du mal à porter et à supporter, comme ton Fils l'a fait dans sa vie et dans sa mort, jusqu'à ce que ta résurrection réponde à sa passion et à sa patience.

Nous avons du mal à supporter l'Église, que nous appelons méchamment une institution, comme si cela suffisait à l'accabler et à nous dédouaner. Nous la traitons en cousine pauvre, que l'on oublie de saluer dans la rue, ou en tante hautaine, que l'on s'en voudrait d'affectionner dans son cœur, ou encore en professionnelle du dévouement, c'est-à-dire, comme chacun sait, en poupée de sucre.

Nous avons du mal à supporter les autres, car si vite nous connaissons mieux leurs refrains que leurs chansons, mieux leurs ornières que leurs chemins, mieux leurs raideurs que leurs souplesses. Nous les traitons comme nous ne voudrions pas qu'ils nous traitent, sans sel, sans épices et sans levain.

Nous avons du mal à nous supporter nous-mêmes, aux jours où notre passé pèse plus lourd que notre espérance, où nous souhaiterions avoir eu et avoir un autre visage, un autre amour, une autre carrière, un autre moi. Nous nous traitons comme un vieux cheval dans le fond d'un puits de mine. Nous traînons de devoirs en hésitations, de projets en renonciations. Nous nous traitons mal et nous dépérissons.

Ô Dieu, notre Dieu, tu n'en veux jamais à qui se trouve insupportable. Tu as élu un peuple à la nuque raide. Tu as élu une Église au cœur partagé. Tu as appelé des prophètes récalcitrants et tu as choisi des apôtres fragiles. Tu n'es pas venu parmi nous avec un programme de redressement, qui fracasse tout. Tu n'éteins jamais la mèche qui fume encore. Tu es un Dieu fort, capable de porter et de supporter jusqu'à ce que ta ténacité emporte la victoire que tu livres pour nous, avec nous et en nous.

Ô Dieu, l'insupportable serait seulement que tu ne veuilles pas et que tu ne puisses pas nous supporter jusqu'au jour de notre délivrance. Amen.

La force et le secret de l'aveu

Nous voulons bien avouer devant toi, car tu n'en profiteras pas pour nous humilier, ni même pour nous attrister par la générosité de ta pitié. Heureusement que tu n'es pas un Dieu qui se contenterait de récompenser ceux qui ont la chance d'être à l'aise avec eux-mêmes et d'excuser ceux qui ont la malchance de vivre en aspérité avec eux-mêmes. Heureusement que tu n'es pas le Dieu de la perfection, mais le Dieu de la justification et que tu as bizarrement avoué une joie plus grande à retrouver une seule brebis, qui bêle au loin que cent brebis tranquilles, qui bâillent au bercail. Heureusement que tu ne ressembles pas à tout ce que les hommes imaginent sous le mot Dieu : l'idéal et l'utopie, l'infini et l'absolu, la justice et la raison, en un mot la perfection, morte et meurtrière. Heureusement que tu te conduis tout autrement que selon cette solennelle platitude que nous avons convenu d'appeler : les exemples bienfaisants et vertueux de la religion.

Car nous n'aurions nulle envie, ni nul besoin de ce Dieu-là, qui nous renverrait seulement à l'ordre misérable du monde, où celui qui a déjà voudrait, en plus, qu'on le félicite d'avoir, et où celui qui n'a pas subirait, en plus, la commisération de ne pas avoir. Heureusement que tu as dit : les premiers seront les derniers et les derniers seront les premiers, car, dans cette prophétie étrange, nous ne savourons pas une revanche, mais étonnés, nous recevons une promesse, déjà pour maintenant.

Parce que tu es ainsi et non pas autrement, nous voulons bien avouer devant toi. Nous voulons bien parler de péché et de repentance, de pardon et de conversion. Nous voulons bien utiliser tous ces vieux mots usés. Ils ne nous irritent pas la gorge et ils ne nous agacent pas le cœur. Ils nous procurent la force qu'il y a à vivre à découvert devant toi, sans le masque de la journée, sans le somnifère de la nuit. Ces mots-là établissent la force et la tranquillité de l'aveu, où je n'ai plus à cacher, ni à enfouir, ni à sublimer, mais seulement à dire et ce qui est dit devient la force de notre commun secret.

Car je ne suis pas sûr, ô Dieu, que tous soient comme toi et qu'il n'en survienne pas qui seraient bien contents de me connaître en ma nudité exposée, en ma défaillance troublante et troublée. Je ne suis pas sûr, ô mon Dieu, que ce qui est secret et aveu ne devienne pas jugement et divulgation. Je ne suis pas sûr que les hommes te ressemblent assez pour me confier en eux.

Si tu le veux bien, garde mon aveu dans le secret de nos cœurs afin que je puisse glorifier la force de ton pardon, sans que nul ne profite de la faiblesse de ma faute. Amen.

Demandes pour l'homme

Notre Dieu, nous te prions pour le travail de l'homme, afin qu'il en soit le gérant et non le prisonnier, afin qu'il puisse y trouver l'unité de sa personne entre son esprit, son cœur et son corps, et non pas son écartèlement.

Seigneur, aie pitié de l'homme, captif de son travail.

Notre Dieu, nous te prions pour le chômage de l'homme, toi qui as souhaité, dans ta bonne création, que nous chômions pour nous reposer du travail accompli et non pour nous tourmenter du travail qui nous manque.

Seigneur, aie pitié de l'homme, privé de travail.

Notre Dieu, nous te prions pour la paix de l'homme, alors que nos cœurs connaissent les assauts de la colère ou de la lassitude, de l'envie ou de la dépression, du souci ou de l'indifférence.

Seigneur, aie pitié de l'homme au cœur troublé.

Notre Dieu, nous te prions pour la joie de l'homme, toi qui es capable de te réjouir à cause de l'homme, ton image, à cause de la nature, ton miroir, à cause de l'histoire, ton projet.

Seigneur, aie pitié de l'homme, qui oublie de se réjouir.

Notre Dieu, nous te prions pour le courage de l'homme, toi qui es venu en Jésus-Christ pour affronter le mal, pour le rencontrer et le connaître, pour le guérir et le porter, pour le subir et le vaincre.

Seigneur, aie pitié de l'homme, qui a peur de souffrir.

Notre Dieu, nous te prions pour l'avenir de l'homme, toi qui achèves ce que tu as commencé, et qui recommences ce que nous avons cassé, toi qui prépares un royaume au bout de nos chemins.

Seigneur, aie pitié de l'homme, qui hésite à espérer. Amen.

Solidarités

Notre Dieu, nous sommes en solidarité avec ceux qui vivent dans le danger et dans le combat. De loin ou de près, nous partageons leur détresse et leur espoir. Apprends-nous à étendre nos vies au-delà de nous-mêmes et à étirer notre cœur jusqu'aux frontières où les hommes souffrent et transforment le monde. Mets-nous en solidarité avec l'étranger, que nous ignorons, avec le démuni, que nous effaçons, avec le prisonnier, que nous évitons. Ô Dieu, que la solidarité soit ainsi un nom nouveau, un nom actuel pour cette fraternité, à laquelle tu nous appelles sans cesse.

Mais, ô Dieu, rends-nous solidaires dans la vérité et non pas dans le mensonge des tactiques. Délivre-nous de toute solidarité qui tournerait à la partialité destructrice et qui nous entraînerait dans la captivité de nos propres amis. Car tu nous veux solidaires, mais non pas partisans, toi qui as pris parti pour nous, sans jamais nous mentir sur nous-mêmes.

Mais, ô Dieu, rends-nous solidaires dans l'efficacité et non pas dans le verbalisme des déclarations.

Délivre-nous de toute solidarité qui tournerait à l'inflation vaine et qui nous plongerait dans la paille des mots sans le grain des choses. Car tu nous veux solidaires, mais non pas tribuns, toi qui es toujours parole unie à la vie, parole en acte, fût-ce dans le silence.

Mais, ô Dieu, rends-nous solidaires dans l'espérance et non pas dans la dramatique des catastrophes. Délivre-nous de cet obscur besoin que nous avons parfois de la souffrance humaine, comme si la souffrance pouvait être un quelconque bien, sauf pour celui qui dure en l'endurant. Car tu nous veux solidaires, mais non pas prophètes de malheur, toi qui as toujours voulu pour les hommes la justice et la liberté, la joie et la paix.

Mais, ô Dieu, rends-nous solidaires en humilité, car nous ne sommes pas capables de porter la terre entière. Délivre-nous de l'accablement qui n'aide personne et de la pitié, qui empoisonne tout. Car tu nous veux solidaires de celui dont nous devenons vraiment le prochain.

Ô Dieu, purifie nos solidarités. Rends-les vraies, fécondes, ardentes et humbles.

Nous te le demandons au nom de Celui qui a été résolument solidaire de l'homme abandonné et méprisé, Jésus-Christ, ton fils, qui est notre frère. Amen.

Puissances et impuissances

Notre Dieu, les mots pouvoir et puissance nous font peur. Nous ne connaissons que trop les oppressions qu'ils entraînent, cette classification et cette détermination, qui font les uns informés, compétents, légitimement dominants, et les autres ignorants, incompétents, légitimement dominés. Nous ne nous contentons pas des corrections que l'on peut apporter à ce schéma, à savoir que ceux qui dominent le font au service de ceux qui sont dominés et que ceux qui sont dominés reconnaissent les bénéfices qu'ils retirent d'un tel service.

Ô Dieu, ces seuls mots « pouvoir » et « puissance » nous rendent malades. Nous n'en pouvons plus de subir les hiérarchies et de devoir en plus les remercier. Nous n'en pouvons plus de naître et de vivre dans ce qui apparaît la seconde zone de la terre. Nous n'en pouvons plus d'être, là-bas, du tiers-monde, et de subir la domination européenne ou américaine. Nous n'en pouvons plus d'être, ici, le quart-monde et de subir la domination des naissances et des diplômes, des grandes familles et des vieilles traditions, des nouvelles aristocraties technocratiques et de leurs explications péremptoires. Ô Dieu! nous n'en pouvons plus d'être moins égaux que les autres, humainement, même si l'on nous appelle frères et sœurs, spirituellement. Nous n'en pouvons plus de ce partage des classes, qui court silencieusement entre nous. N'étais-tu pas venu pour créer la fraternité en abolissant l'inégalité et en donnant à tous la liberté? Ton Évangile est-il seulement un arôme ou vraiment un levain?

Mais, ô Dieu, nous ne te disons jamais cela par jalousie humaine, ni par rancœur sociale, dans l'espoir qu'un jour nous aussi nous deviendrions puissants et que nous saurions alors prendre notre revanche sur ceux qui nous ont si longtemps, et parfois si gentiment, si naturellement, dominés, exploités, expliqués, enrobés dans leur suprématie naturelle. Nous le savons, ô Dieu, tout homme est pécheur, même parmi les dominés. Tout homme est faible et fragile, même parmi les dominants.

Ô Dieu, combats en chacun de nous le goût du pouvoir. Apprends à chacun de nous la réalité de sa fragilité. Délivre-nous de l'ivresse de la puissance et surtout délivre-nous du sentiment de l'impuissance. Tu nous as tous faits pour avoir part au pouvoir et pour en éviter les pièges.

Ô Dieu, abats ceux qui se croient puissants et relève ceux qui se croient impuissants, comme l'a prophétisé la jeune femme Marie, qui, par la foi, a été la mère de ton fils unique sur la terre.

Au nom de Jésus-Christ, qui a connu ici-bas la

totale impuissance pour recevoir la totale puissance sur la terre et dans les cieux, et pour donner à tous la puissance également partagée de son Saint-Esprit. Amen.

Vulnérable

Mon Dieu, tu me connais assez, pour ne pas prendre un visage déçu, et pour ne pas me décourager par ta désolation. Je puis te l'avouer, je ne progresse pas, je me retrouve, par cycles, tel que j'ai toujours été : fragile, en proie aux petits démons de l'inquiétude, plus tenaces que les grands démons de l'orgueil, de la violence ou de la haine. Adulte, je me retrouve comme lorsque j'étais enfant, ou plutôt adolescent, quand je ne savais à quoi utiliser ma vie, car l'enfant vit en spontanéité, mais l'adolescent vit en trouble sur lui-même. J'espérais avoir dépassé cette insécurité. La voici qui revient à grande allure comme l'averse qui s'abat sur la ville.

Je me sens vulnérable en comparaison des autres, même si tu interdis autant de comparer que de juger. Je constate qu'ils s'affermissent en marchant et que moi je m'essouffle et parfois je m'affole de devoir marcher, comme si je ne l'avais jamais fait auparavant. Je suis toujours en apprentissage de la vie, alors que j'aimerais désormais jouir de son expérience.

Je me sens vulnérable comme celui qui a des cicatrices qui se réveillent et des rhumatismes qui le tarabustent.

De cette vulnérabilité aide-moi à faire quelque chose. Montre-moi comment la fragilité est aussi une compagne utile, quand elle nous enlève tout piédestal, toute hauteur et qu'elle nous dispose à l'évidence de la permanence de nos tempéraments.

Cependant, donne-moi assez de force, pour que je cesse de me préoccuper de mes faiblesses et assez de simplicité, pour que je sois sûr qu'en m'acceptant moi-même, je ne me résigne pas. Car tu es un Dieu qui dans l'homme préfère la droiture de sa faiblesse et de son insécurité au mensonge de sa façade et de son assurance. Tu es un Dieu qui n'a pas honte de notre nature friable, puisque nous sommes faits de poussière et que tu souffles la vie sur les os desséchés. Toi aussi, tu es un Dieu vulnérable, car les blessures de ton fils crucifié demeurent au corps de ton fils ressuscité. Amen.

Divisions

Notre Dieu, les divisions sont profondes entre nous. Il y a les divisions de classes et les distances qui se justifient. Il y a les divisions de sensibilités et les souffrances qui s'amoncellent. Il y a les divisions d'églises et les séparations qui les manifestent. Il y a les divisions de familles et les barrières qui s'installent. Il y a les divisions d'opinions et les colères qui s'affrontent. Il y a les divisions de puissance et l'inégalité qui se perpétue. Il y a les divisions de souvenirs et les ornières qui se creusent. Il y a les divisions de réactions et les jugements qui s'instaurent. Il y a les divisions d'accusations et les étiquettes qui se répètent.

Ô Dieu, nous ne pouvons pas faire comme si ces divisions ne nous labouraient pas le cœur en silence. Nous ne pouvons pas faire comme si ces divisions ne nous enflammaient pas le corps en souffrance. Nous souhaiterions les tenir à distance et les voici qui affluent, aux heures de l'attaque et de la contre-attaque.

N'es-tu pas venu pour nous apprendre à pardonner

aux autres le mal que nous avons subi, plus encore que pour nous pardonner à nous-mêmes le mal que nous avons commis? N'es-tu pas venu pour nous aider moins à remémorer l'offense qu'à tendre la joue, pour que l'offense renonce à offenser? N'es-tu pas venu pour que nos colères cessent de vouloir exécuter ta justice et pour que nos rancœurs cessent de nous tenir lieu de justifications?

Ô Seigneur Jésus, toi qui t'es interposé au cœur des divisions du monde pour réconcilier le frère avec son ennemi, interpose-toi au cœur de nos divisions, afin que d'ennemis que nous sommes, nous puissions redevenir frères, comme nous souhaiterions l'être. Interpose-toi avec la justice de ta vérité, la force de ton pardon et la franchise de ton amour. Interpose-toi, quand l'un frappe et se désole du vide, qu'il pense rencontrer et quand l'autre se protège et se désole du Jugement, qu'il pense subir. Redonne-nous aux uns et aux autres le bienfait de l'équité, la douceur de la confiance et la force des faiblesses partagées.

Au nom de celui qui est mort de nos divisions, pour nous réconcilier avec lui et entre nous. Amen.

Anxiété

Notre Dieu, nous sommes anxieux de ne pas vivre
à la hauteur que les autres, toi et nous-mêmes atten-
dons de nous. Nous nous haussons sur nos pointes
de pied, spirituelles, intellectuelles et pratiques, tant
et si bien que la raideur et la gaucherie s'emparent de
nous et nous dégringolent. Nous perdons le naturel
dans la convoitise d'un supernaturel et même du surnaturel. Nous voulons si bien faire que nous ne pouvons plus que mal faire. Nous souhaitons tant briller
que nous ne pouvons que pâlir. Nous prenons honte
de notre anxiété et cette honte la redouble.

Alors, ô Dieu, soigneusement, méthodiquement,
clairement, nous te demandons deux choses et même
trois :

Préserve-nous et délivre-nous de ceux qui ignorent
tout de l'anxiété et qui, sans même le savoir, la font
monter chez les autres par leur constante compétence, leur parfaite maîtrise et leur souriant équilibre.
Donne-nous comme compagnons des êtres impar-
faits, des vies inachevées, de souriants déséquilibres.
Donne-nous en amis le faux pli de la conduite, le

chavirement du regard, l'hésitation de l'élocution. Donne-nous cette communion des pécheurs sans laquelle il n'est pas de communion des saints, mais seulement l'isoloir et le promontoire des parfaits. Donne-nous des frères et des sœurs, non pas des modèles, ni des exemples.

Apprends-nous à supprimer sur la terre, dans la cité et dans l'Église, dans le visible de nos visages et dans l'invisible de nos cœurs, toute notion de hauteur, de profondeur, d'ampleur et de comparaison. Chasse de nous ces miasmes, enfiévrés et nauséeux, où nous nous complaisons, sans vouloir leur fermer la porte. Guéris nos maladies de carences et d'insuffisances. Punis nos contagions de parades et de suffisances. Apprends-nous à laisser chacun être ce qu'il paraît sans l'obliger à paraître ce qu'il n'est pas. Sinon, comment serais-tu le Dieu qui donne l'honneur à tous et les privilèges à personne?

Mais j'ajoute encore, puisque l'anxiété restera toujours l'une des compagnes de ma vie, fais-moi ce cadeau secret : qu'elle me rende plus humble qu'effrayé, plus perméable que barricadé, plus fort de ma faiblesse que détruit par elle. N'es-tu pas celui qui a anxieusement donné sa liberté à l'homme, qui a anxieusement maintenu ton alliance avec l'homme et qui a seulement promis qu'un jour, dans ton Royaume, nous nous connaîtrions face à face, comme nous avons été connus cœur à cœur. Amen.

Délivre-nous du zèle amer

Notre Dieu, délivre-nous du regret d'avoir été trop dévoués et trop fidèles, quand le dévouement se manifeste rétrospectivement une exploitation et la fidélité une austérité vaine. Tiens-toi à nos côtés aux jours où nous nous ressentons des paillassons, où les autres essuient négligemment leurs dédains. Tiens-toi à nos côtés quand lentement, sournoisement, brutalement la coupe de la disponibilité déborde en révolte. Pourquoi, ô Dieu, aurais-tu un cœur chaleureux uniquement envers le frère prodigue de la parabole et un cœur sévère envers son frère aîné, qui t'a si longtemps servi en patience et en silence ? Pourquoi cette injustice envers nous, qui n'avons jamais cessé d'obéir, d'accepter et de donner ?

Ô Dieu, il est trop facile de profiter de ceux sur lesquels on sait pouvoir toujours compter, de tenir leur zèle pour quantité négligeable, puisqu'elle est habituelle. Il est trop facile de les appeler péremptoirement serviteurs inutiles, sans se demander si eux aussi n'ont pas une sensibilité à vide et à vif. Je m'emporte contre toi, mon Dieu, aux jours où l'amertume s'infiltre sous ma porte et noie mon cœur. Je m'emporte contre tous les autres, qui usent et abusent. Ils prennent un air innocent et chagriné quand je leur crie que ma coupe déborde. Et je m'emporte contre moi, qui suis devenu, malgré moi, un sensitif et un rebelle à tout et à tous.

Ô Dieu, délivre-nous du zèle amer, dont la terre et la vie sont remplies. Délivre-nous du démon du bien, qui est le frère nourricier du démon du mal. Redonne-nous la liberté de la joie. J'en ai soif comme la fleur dans la terre desséchée. Je me tiens en compagnie d'amertume, aux côtés d'Élie et de Jonas, de Pierre et de Paul. Viens nous faire du bien avec l'eau et le vent, le pain et le vin, l'affection et la tendresse. Ô Dieu, regarde les hommes amers, en silence, sans leur faire de reproches et ramène du bonheur dans leur vie. Amen.

En mémoire de Sophie[1]

Notre Dieu, la vie de notre temps et de tous les temps est remplie de tragique. Car il est tragique de vivre son présent sous la blessure irrémédiable du passé. Il est tragique de fuir ses souvenirs comme une plaie qu'avive la lumière du jour. Il est tragique de ne rien pouvoir changer à ce qui n'aurait pas dû être. C'est le tragique du désastre, en arrière de nous, semblable à la crue, qui a dévasté et envahi les demeures.

Mais il y a aussi le tragique du présent : le côte à côte qui ne débouchera jamais sur la totalité, les langueurs et les raideurs, la suffisance qui offusque et l'insuffisance qui navre, le lent délabrement qui entame la vie et qui installe la survie. C'est le tragique de la détresse, au milieu de nous, semblable à la boue, qui tache et qui encrasse.

Il y a enfin le tragique du lendemain : la crainte diffuse que nous avons des échéances externes sans

---

1. Cette prière a été écrite après la lecture du livre de W. Styron, *Le Choix de Sophie* (Gallimard, 1981). Mais elle ne nécessite nullement que l'on ait lu au préalable ce long roman.

provisions internes, les rendez-vous avec le chagrin et la pitié, quand ils s'installent comme des convives trop connus, trop attendus et trop redoutés. C'est le tragique de la peur, en avant de nous, semblable aux lézardes, qui réapparaissent.

Ô notre Dieu, nous n'avons, nous et toi, qu'un seul adversaire commun : le tragique. Mammon, l'argent, n'est pas une idole aussi tenace que lui. Vénus et Apollon, la beauté et la mondanité, ne sont pas des idoles aussi poignantes que lui. Mars et Mercure, le pouvoir et l'entregent, ne sont pas des idoles aussi capturantes que lui. Lui, le tragique, il est le dernier murmure idolâtre et secret qui monte, quand les voix des grandes idoles publiques perdent de leur tonus.

Donne-nous de refuser, avec l'énergie de la foi que tu nourris en nous, ce tragique qui engloutit nos vies et ta création. Donne-nous de croire que rien dans le passé n'est irrémédiable, puisque ta croix ne l'a pas été. Donne-nous de croire que rien dans le présent n'est immobilisé, puisque Pentecôte a lieu. Donne-nous de croire que dans l'avenir le tragique de l'homme et du monde n'est sûrement pas encore le jugement de Dieu sur l'homme et sur le monde. Donne-nous de haïr avec toi le tragique, cet accusateur et ce dévorateur de nos vies. Amen.

Survivre au chagrin

Notre Dieu, nous ne te demandons pas de nous épargner la tentation, mais de nous délivrer du mal. Nous ne te demandons pas de nous éviter les chagrins, mais de nous sauver de la nostalgie. Nous ne te demandons pas de nous retirer du monde et de sa réalité, mais de nous sauver du monde et de ses fatalités.

Ô Dieu, tu le sais bien mieux que nous : il y a chagrin, quand n'arrive point la totalité de ce que nous attendions, même si ce que nous attendions était folie. Il y a chagrin, quand l'histoire et l'idéologie, le cœur et la pensée, l'Église et le monde ne sont pas le royaume, qui s'était en eux profilé. Il y a chagrin, quand nous comprenons mal pourquoi s'est fracassée ou évanouie, déniée ou atténuée, la fougue annonciatrice. Il y a chagrin, quand nous laissons parler la voix basse des déceptions inavouées.

Ô notre Dieu, si tu n'étais que le Dieu de la grâce et du pardon auprès des pécheurs repentis, peut-être ne serais-tu pas notre Dieu, car nous ne nous ressentons ni pécheurs, ni coupables, ni repentants, ni pardonnables. Mais tu es aussi le Dieu du recommencement et du bonheur après des disciples chagrinés le jour du Samedi Saint, qui est de nostalgie plus que de remords. Tu es aussi le Dieu qui manifeste la survie de la gaieté contre le chagrin de survivre. Tu es certes le Dieu de la loi, du péché et de la grâce pour tout homme qui vit le mal qu'il a commis. Mais tu es aussi le Dieu du désir, du manque et du nouveau bonheur, pour tout homme qui vit le mal qu'il a subi. Tu es un Dieu au moins aussi large que tout ce qui survient dans un cœur humain. Tu es un Dieu surnaturel et tu es aussi un Dieu naturel, qui ne nous oblige pas à transformer nos chagrins en culpabilités et qui ne tient pas nos chagrins pour de ridicules égocentrismes.

Ô Dieu, aide chacun de nous et nous tous à survivre à nos chagrins, en sorte que nous puissions en avouer la poignante innocence et en juguler la tenace morsure. Survivre au chagrin, n'est-ce pas, après tout, l'une des vérités que tu as voulu affirmer au cœur méfiant des disciples qui t'avaient trop tôt enseveli et embaumé dans le linceul des crucifiés, vénérés, regrettés et à la longue oubliés? Survivez à votre chagrin, as-tu dit à tous au matin de Pâques, quand il n'y a plus aucun tombeau ni à visiter, ni à fleurir, ni à adorer.

Notre Dieu, mon Dieu, fais que je survive à tous les chagrins que j'ai éprouvés, sinon ma foi en la résurrection ne serait qu'un pâle mensonge dogmatique et ne deviendrait pas ce que tu souhaites : une

claire lumière dans l'obscurité passagère de ma vie.
Aide-moi à survivre à tout chagrin humain, toi qui
as survécu ressuscité au chagrin de ta propre mort.
Amen.

IV.

Lueurs

Quatre saisons en un jour

Seigneur Jésus, au matin, fais que je m'éveille, tel le ciel en sa blancheur, tel le jour qui s'offre à neuf, tel le printemps qui pointe en sa nouveauté. Fais que les rides de ma vie soient oubliées et que les pesanteurs de ma nuit aient lâché l'étreinte. Donne-moi de la fraîcheur, toi qui, aux temps de Noël, es arrivé pour nous visiter comme «l'astre levant venu d'en haut» (Luc 1,78).

À midi, fais que je m'active, tel le ciel en sa largeur, tel le jour qui prodigue son éclat, tel l'été qui ne faiblit pas. Fais que je n'économise rien, ni ma peine, ni ma joie. Fais que je vive et que je vivifie. Donne-moi de la force, toi qui au jour de la Transfiguration es monté sur une montagne et «as changé de visage» (Luc 9,29).

Au soir, fais que je veille encore, tel le ciel en sa lenteur, tel le jour qui se retire à petits pas, tel l'automne qui rougit et qui pâlit. Fais que j'arrête le tourbillon de ma vie et que je regarde, puisqu'il n'est plus temps de faire. Donne-moi de la constance, toi qui au Jardin des Oliviers savais la journée finie et priais sans dormir (Luc, 22,44).

À la nuit, fais que je remette, tel le ciel en sa profondeur, tel le jour quand il est parti, tel l'hiver qui ensevelit toute chose. Fais que ne me manque plus ce qui m'a manqué et ce que j'ai manqué. Tiens ce que je ne veux plus retenir, prends ce que j'ai transmis. Donne-moi de la confiance, toi qui as remis ton esprit entre les mains de ton Père, quand les ténèbres ont envahi toute la terre (Luc 23,44-46).

Seigneur Jésus-Christ, toi qui es passé par toutes les saisons de la vie, accompagne-moi dans les saisons de ma journée, pour que j'arrive à les habiter telles qu'elles me sont parfois données, parfois volées, parfois imposées. Car toi aussi tu as été l'homme des hauts et des bas, des lumières et des retraits, toi aussi tu es passé avec nous du matin au soir, pour que nous puissions passer avec toi du soir au matin.

Si tu es frère, sauveur et seigneur, aux siècles des siècles, sois-le aussi pour ce seul jour de ma vie, où je tresse mon histoire avec la tienne. Amen.

Garde-nous étonnés

Notre Dieu, aujourd'hui nous te demandons seulement de nous garder étonnés, pour que nos yeux sachent s'allumer et briller comme ceux des chats dans la nuit, pour que nos mains sachent parler et qu'on nous devine vivants, même sans nous entendre, pour que rien ne redevienne en nous tassé ni flétri, affaissé ni atténué. Garde-nous étonnés afin que l'enfant et le gamin persistent en nous, quand bien même les années s'enroulent à l'entour de nos cœurs et de nos corps.

Garde-nous étonnés par tout ce qui survient et tout ce qui revient, afin que la poussière de la vie s'envole au clin d'œil de notre humeur, et que la somnolence s'enfuie au commandement de notre attention. Si nous parlons, que nous demeurions étonnés par cela même qui sort de notre bouche, comme si nous ne le connaissions pas encore avant de l'avoir dit. Si nous écoutons, que nous devenions étonnés par cela même que nous entendons, comme si c'était la première fois que nous le percevions vraiment. Si nous souffrons, que nous restions étonnés, car toute douleur est une visite poignante et terrible. Si nous aimons, que nous entrions en étonnement, car il n'est d'amoureux qu'enchanté de ses surprises.

Peut-être, ô notre Dieu, ne te demandons-nous pas assez, et faudrait-il que tu nous donnes la vérité et la foi, l'espérance et la joie? Peut-être te demandons-nous trop, et faudrait-il se contenter de la conscience et de la fidélité, de la confiance et de la solidité?

Mais voilà, pour aujourd'hui nous te demandons l'étonnement, et nous te le demandons vraiment. Il t'a plu non pas d'enseigner ni d'éblouir, mais d'étonner ceux qui ne te connaissaient pas et ceux qui te connaissaient trop. Il t'a plu de parler et d'agir autrement qu'on ne l'aurait attendu de toi. Il t'a plu de vivre enfant à Nazareth et de mourir trop jeune à Jérusalem. Il t'a plu de louer la femme cananéenne et le centenier romain. Il t'a plu de te révéler par étonnement, mais non par évidence ni par énigme.

Alors, ô Dieu, garde-nous étonnés de toi, des autres et de nous-mêmes, afin que chacun de nos jours soit dépoussiéré par l'énergie de ta grâce et que nous demeurions des enfants, tes enfants, pour l'honneur et le bonheur du monde. Amen.

Enjoués

Notre Dieu, ranime en nous le goût du bonheur, afin que nos vies redeviennent joueuses, comme celles des enfants qui savent profiter des occasions et qui n'ont pas besoin d'organiser des fêtes pour briser la monotonie de leurs devoirs, car la fête leur est naturelle, comme le dimanche est naturel à la semaine. Notre Dieu, rends-nous enjoués tout au long de notre vie, puisque tu as bien dit que ton fardeau était léger et ton joug facile. Chaque jour mets de la légèreté et de la facilité dans nos existences. Parfume nos visages, alors même que nous jeûnons et fais que nos prières gardent un air de danse, alors même que nous supplions et combattons.

Ô Dieu, ce que nous te demandons n'est pas aisé. Car nous sommes des êtres soucieux, sérieux et consciencieux, susceptibles, irascibles et égocentriques, violents, pesants et assommants pour les autres, pour nous-mêmes et aussi pour toi. Nous avons transformé ta grâce en loi et ta loi en mur. Nous avons transformé ton travail en peine et ta peine en stérilité. Nous avons changé ton repos en ivresse ou en ennui. Nous avons fait de la responsabilité une contrainte et de la fidélité une prison. Tu nous avais créés enjoués et nous sommes devenus embrouillés et accablés.

Notre Dieu, viens nous visiter avec ta sagesse, «jouant en ta présence en tout temps, jouant dans ton univers terrestre et trouvant ses délices parmi les hommes» (Proverbes 8,30-31). Redonne du jeu à nos visages et à nos paroles, à nos travaux et à nos repos, à nos familles et à nos nations, à nos amitiés comme à nos adversités, à nos églises comme à nos métiers, afin que nous puissions découvrir et attester que la création est le terrain de jeu de la liberté de ta bonté, et que nous puissions ainsi redevenir tes enfants.

Notre Dieu, quand l'enjouement manque à ma vie engoncée, viens me visiter par la légèreté de ta vérité. Donne-moi tout simplement les amitiés qui me font défaut et décide-nous à devenir amis de ceux que, pour l'instant, nous frôlons et oublions. Quand il le faut, appelle-nous au repos de la tête, du corps et du cœur pour que nous puissions à nouveau nous enchanter des choses les moindres.

Ô Dieu, tu le sais encore bien mieux que nous : il est des jours où Pâques reste très loin du Vendredi et du Samedi Saint. Permets que même alors l'enjouement reste l'horizon de ce que nous n'éprouvons pas. Aux hommes abattus, ô Dieu, conserve la promesse de ton enjouement. Amen.

Joie

Mon Dieu, j'ai de la joie, quand je reçois. Amène-moi des amis et des idées, des découvertes et des fidélités, en cadeaux. Souviens-toi que je ne puis pas vivre, si je ne reçois rien. Souviens-toi que j'ai chaque jour besoin du réconfort des autres et des surprises de la vie.

Mon Dieu, j'ai de la joie quand j'entreprends. Montre-moi tout ce qui m'attend encore et tout ce que je peux susciter, en projets. Souviens-toi que je ne puis pas vivre si je n'ai rien à faire. Souviens-toi que j'ai chaque jour besoin d'aller vers les autres, et besoin des possibilités de la vie.

Mon Dieu, j'ai de la joie, quand j'endure ce qu'il me faut traverser. Tiens-moi la main aux passages difficiles, quand je me manque à moi-même. Souviens-toi que je ne puis pas vivre si je ne sais pas affronter. Souviens-toi que j'ai chaque jour besoin de lutter avec moi-même et de ne pas lutter trop seul.

Mon Dieu, j'ai de la joie quand je retrouve ce que je pensais définitivement perdu. Ramène-moi au milieu de mes espoirs. Souviens-toi que je ne sais pas vivre, si mon avenir ne tient rien de mon passé. Souviens-toi que j'ai chaque jour besoin des signes de ta résurrection, quand tes disciples ont retrouvé celui qu'ils pensaient à jamais mort.

Mon Dieu, souviens-toi que je ne suis qu'un homme et que tu dois entretenir ma joie, car le feu ne tient que si les sarments l'alimentent.

Mon Dieu, notre Dieu, souviens-toi que j'ai besoin de cadeaux, de projets, de force et de consolation. Souviens-toi d'entretenir ma joie et je me souviendrai aussi d'entretenir la joie des autres. Amen.

Je te remercie pour ceux qui sont bons

Mon Dieu, je te remercie pour ceux qui sont bons, bien plus nombreux que nous ne l'imaginons. Je ne te remercie pas pour ceux qui sont intelligents. Ce n'est pas leur faute et leur intelligence souvent glace la vie. Mais je ne te remercie pas non plus pour ceux qui sont bêtes. C'est souvent leur faute, et leur bêtise attriste la vie. Je ne te remercie pas pour ceux qui sont forts. Ils sont déjà leur récompense, qui ne les récompense souvent qu'eux-mêmes. Mais je ne te remercie pas non plus pour ceux qui sont faibles et qui pèsent trop lourd sur les autres. Je ne te remercie pas pour ceux qui sont sérieux, tant leur manque la gaieté. Mais je ne te remercie pas davantage pour ceux qui sont légers, tant leur manque la constance. Je ne te remercie même pas pour ceux qui sont indignés, car leur souffrance creuse le désespoir et je ne te remercie pas du tout pour ceux qui sont sereins, car leur harmonie plane ailleurs.

Mon Dieu, je te remercie pour tous les autres, pour tous ceux qui sont bons, si bons qu'ils n'en ont pas la moindre idée. Ils ne découvrent pas le mal et quand ils le voient, ils le recouvrent pour le mieux combattre. Ils ne colportent pas le mal, et quand ils le savent, ils le gardent en silence, attendant que le mal ne fasse plus trop mal. Ils souffrent pour les autres et pas seulement pour eux-mêmes. Ils se réjouissent des autres et pas seulement d'eux-mêmes. Ils sont aussi bons à leur propre endroit, avec ces doses homéopathiques d'ironie et de tendresse, de courage et de chaleur qui font aller la vie.

Notre Dieu, nous te remercions pour tous ceux qui sont bons, dans le monde et aussi dans l'Église, dans les autres religions et aussi dans la foi chrétienne, parmi les incroyants et aussi parmi les croyants. S'il y a une chose dont nous voulons vraiment te demander pardon, c'est de ne pas savoir voir tous ceux qui sont bons au cours de nos vies.

Ô notre Dieu, tu n'as pas honte de passer pour niais, toi dont la bonté est toute puissante. Amen.

Prière pour nous souvenir des cadeaux

Notre Dieu, tu nous permets et tu nous commandes de faire mémoire des cadeaux, qui ont émerveillé nos vies. Tu autorises et tu veux que nos connaissances débouchent en reconnaissances, que tes grâces provoquent nos actions de grâces. Car toi, qui es aussi le Dieu de la critique et de la colère, de la jalousie et de l'indignation, tu es surtout le Dieu de la célébration et de la bénédiction. Tu n'obliges pas à la fadeur de la biendisance, mais tu t'élances pour la vigueur de l'émerveillement.

Nous te remercions de nous avoir donné un cœur qui tressaute à la découverte des êtres et un corps qui goûte la bonté des corps, des mots et des choses. Chaque année tu renouvelles la guirlande de nos affections et tu proposes la variété de nos excursions.

Nous te remercions de nous avoir placés face à ces obstacles, qui ont forgé notre être et de nous avoir mis dans ces complications, qui ont labouré les portions en friche de notre vie.

Nous te remercions même des passages tremblants, où nous ne savions plus où nous agripper. Car ainsi nous avons perdu notre aisance première et nous avons trouvé notre endurance seconde.

Si nous ne pouvions plus nous souvenir des cadeaux reçus, nous ne redeviendrions jamais ces enfants auxquels tu compares ceux qui entreront dans ton royaume. Nous ne retrouverions plus l'émerveillement de recevoir, que nous aurions enseveli sous la convoitise de prendre ou sous la prétention de mériter. Nous aurions troqué la gloire de vivre par la grâce contre la misère de vivre par l'envie ou par le devoir. Nous aurions cessé de demeurer des enfants devant toi, pour devenir de vieux adultes, sans toi et contre toi.

Ô Dieu, apprends-moi à répéter la litanie des cadeaux, qui ont réjoui ma vie, comme l'enfant s'endort en se remémorant les cadeaux de sa journée contre la litanie des insatisfactions du jour et des frayeurs de la nuit.

Ô Dieu, fais que je puisse garder et repasser la mémoire des bienfaits contre la chape des méfaits, commis et subis. Conserve-moi dans la reconnaissance contre la cendre de la méconnaissance et de l'inconnaissance.

Ô Dieu, fais que nous puissions renaître à la mémoire des cadeaux, nous qui soupirons dans la mémoire des ingratitudes. Car tu es le père et la mère des hommes, qui souhaitent demeurer tes enfants. Amen.

Aimer

Notre Dieu, tu nous commandes d'aimer. Et nous ne pouvons pas aimer sur commande. Tu nous demandes d'aimer tous ceux qui se rencontrent sur notre route et de devenir leur prochain. Or nous ne savons pas nous émouvoir pour ceux qui ne nous attirent pas et ne nous enchantent pas. Tu nous ordonnes d'aimer nos ennemis et nous nous efforçons plutôt de les éviter, pour ne pas avoir à nouveau à les affronter.

Alors, ô notre Dieu, nous te l'avouons, parlons-nous de la même chose, toi et nous, quand nous disons : aimer ? Sais-tu assez combien l'amour est un élan inattendu, un attachement entêté, jusqu'à devenir une passion meurtrière ? Ou l'erreur est-elle de notre côté et faut-il appeler amour cette élection unique, mais aussi sans privilèges, cette alliance inusable, mais aussi sans captivité et sans ensorcellement, cette passion totale, mais aussi sans maladie mensongère, que tu sais pratiquer avec chacun de nous et avec l'humanité entière ?

Ô Dieu, nous te l'avouons, pour aujourd'hui nous trébuchons entre ce que nous, hommes, appelons habituellement l'amour, et ce que toi-même tu as pratiqué comme amour envers nous, depuis l'élection d'Abraham, au travers de l'alliance d'Israël et jusqu'à la croix de ton fils Jésus-Christ.

Ô notre Dieu, nous trébuchons autour de ce mot unique, aux significations multiples : aimer. Et peut-être trébucherons-nous jusqu'à la fin de notre vie, car nous préférons trébucher que tricher. Dans cette prière nous souhaitons causer avec toi de nos perplexités, plutôt que nous servir de toi pour imposer des solutions, qui ne résoudraient rien.

Nous te demandons seulement deux ou trois choses.

Apprends-nous à aimer de tout notre être, entièrement. Préserve-nous d'aimer avec distraction ou par devoir, avec distance et avec indifférence. Si nous disons amour, que ce mot devienne en nous une plénitude. Donne-nous des cœurs entiers.

Apprends-nous à aimer dans la durée du temps, sans virevolter de l'attirance à la lassitude, de l'émerveillement à l'épuisement. Donne-nous des cœurs constants.

Apprends-nous à aimer l'autre et non pas nous-mêmes dans le plaisir de notre miroir. Donne-nous des cœurs libres.

Apprends-nous à aimer nos adversaires, non par point d'honneur chrétien, mais par imitation tâtonnante de ce que toi-même as fait envers nous. Donne-nous des cœurs nouveaux.

Ô notre Dieu, apprends-nous à aimer, ce que nous oublions sans cesse. Amen.

Encourager

Seigneur Jésus, tu n'es pas venu réprimander ni condamner, mais encourager, c'est-à-dire sauver. Tu n'es pas venu nous répéter nos manques, que nous connaissons parfaitement sans toi, mais nous enlever les péchés, que nous ne pouvons pas nous pardonner à nous-mêmes. Auprès de toi il n'y a heureusement aucun prix d'excellence, mais bienheureusement de multiples prix d'encouragement.

Car il nous est si facile de nous décourager les uns les autres. Ceux qui croient découragent ceux qui ne croient pas, comme si la foi était une chasse gardée pour les fidèles de la doctrine, les artisans de la vertu et les spécialistes de l'espérance. Mais ceux qui ne croient pas découragent tout autant ceux qui croient, comme si la foi était une insignifiance, une maintenance et une déshérence. Il nous est si facile de nous prendre les uns les autres à la gorge, même sans la serrer, au point que nos vies ne soufflent plus, mais s'essoufflent à se fréquenter.

Il faut peu de chose pour que le découragement envahisse nos châteaux de sable : une ironie ou une dureté, une parole manquée ou une parole appuyée, un silence rongeur ou un silence réprobateur. Nous te l'avouons : nous ne voudrions pas vivre de courage, mais d'encouragements. Nous ne quémandons pas le sucre, comme les caniches dans les salons, mais nous avons besoin de sel, comme les chèvres dans la garrigue.

Dispose-nous à encourager les femmes et les hommes, les vieillards et les enfants. Dispose-nous à encourager les faibles, quand ils défaillent en solitude et les forts, quand ils assaillent en maladresse. Dispose-nous à encourager même ceux qui nous découragent, car peut-être ne sont-ils que le reflet de notre hostilité.

Ô Dieu, dans l'encouragement, apprends-nous le courage et non pas l'attendrissement. Sois fort en nous pour que nous devenions forts par toi. Tu es le Dieu qui redresse le roseau courbé et qui dresse l'homme épuisé. Tu es le Dieu du courage de l'affrontement avec la passion et de l'abondance de la compassion. Tu es le Dieu venu sur la terre pour encourager chaque homme et tous les hommes, en tenant tête aux puissances ennemies de la dérision et de l'oppression. Que ton encouragement soit la compagnie de nos courages, vidés au soir du Vendredi Saint, relevés au matin de Pâques. Amen.

Prière pour intercéder et
pour se mettre en travers

Notre Dieu, nous intercédons, nous nous avançons, nous entrons dans la danse, nous nous mettons en travers de tout ce qui déchire ta création et sa bonté, de tout ce qui nie ta réconciliation et sa réalité, de tout ce qui abolit ta rédemption et son espérance. Nous ne restons pas les bras croisés, ni même les mains jointes. Nous mettons nos bras en travers et nous ouvrons nos mains. Ô notre Dieu, nous intercédons, afin d'apprendre à nous tenir debout et à combattre, comme Moïse intercédait les mains levées, durant tout le temps où Josué luttait avec Amalek (Exode 17,8-16). Nous intercédons, afin, s'il le faut, de souffrir sans céder, comme Jésus au Jardin des Oliviers (Luc 22,39-46). Nous intercédons, afin de recevoir ce que nous demandons, car tu t'appelles la bonté du père envers ses enfants (Matthieu 7,8-11).

Nous intercédons pour la création entière, afin que son chant de louange l'emporte sur les soupirs de sa captivité. Nous intercédons pour que les étoiles dans le ciel nous soient repères et splendeurs, mais non pas indifférence ni absurdité. Nous intercédons pour que les saisons sur la terre nous soient sources de renouvellement, mais non pas cycles de recommencements vains. Nous intercédons pour tous ceux qui sont nos compagnons, grâce auxquels notre solitude est diminuée et notre vie rendue possible. Apprends-nous à les traiter en compagnons et non pas en objets. Nous intercédons pour les oiseaux et pour les poissons, pour les animaux sauvages et pour les animaux domestiques.

Nous intercédons pour l'humanité entière. Diminue les craintes, l'hostilité, la haine et la guerre que les nations, les races, les classes, les langues, les traditions, les cultures développent les unes contre les autres. Réalise la justice, qui permet la paix et qui procure la sécurité.

Nous intercédons pour ton Église et nos églises. Rends-les brillantes par la foi, patientes par l'amour, neuves par l'espérance. Apprends-nous à abattre les barrières de l'arrogance ou du découragement, à construire les chemins de la fraternité, de l'écoute et de l'annonce.

Nous intercédons pour nous-mêmes. Mets-toi en travers de notre suffisance et de notre apathie. Jette-toi en travers de l'orgueil, qui s'empare si facilement de nous, quand nous nous imaginons des serviteurs indispensables. Et jette-toi encore plus fortement en travers de la dépréciation, qui s'installe si facilement à demeure chez nous, quand la tristesse l'emporte sur la joie.

Ô Dieu, nous intercédons, car tu t'es jeté toi-même en travers du monde, par ta croix visible et ton tombeau vide, pour barrer la route aux démons de la terre. Amen.

Les forces en afflux

Notre Dieu, nous te demandons de la force, pour que nous retrouvions le goût de tout ce qui nous entoure et d'abord de nous-mêmes, pour que notre voix s'énonce à hauteur naturelle, pour que nos mains découpent l'espace dans la confiance de la présence, pour que nos pas nous mènent où notre goût va, où notre voix atteint, où nos mains touchent. Donne-nous l'afflux des forces, qui portent et transportent.

Donne-nous la force, quand elle s'est retirée de nous, et que nous nous terrons, en hésitations et en complications, en reproches et en regrets. Donne-la nous, quand ce qui devrait être naturel nous devient trop volontaire, et quand nous revêtons le masque de la vitalité, pour éviter l'inquiétude des autres, ou pire encore leur compassion. Donne-la-nous, quand nous sommes dans le manque du monde et dans le tourment de nous-mêmes.

Aussi nous apprécions que tu sois un Dieu fort, qui n'est pas l'idole de la domination, ni de la voracité. Nous apprécions que tu te sois appelé le

Dieu tout-puissant, le Seigneur des armées, même si d'autres, peut-être plus naturellement robustes que nous, s'en scandalisent et s'en trouvent gênés. Nous apprécions que tu t'appelles roc et forteresse, rempart et bouclier. Nous apprécions ta force comme ceux qui ont, eux-mêmes, éprouvé la crainte et l'asthénie, la paralysie et le mutisme. Nous apprécions que tu viennes, à main forte et à bras étendu, faire brèche dans les captivités du sommeil et dans les endurcissements du refus.

Car ta force nous dispense de nous surclasser et de nous faire valoir. Ta force est une eau vive, qui jaillit au tréfonds des eaux arrêtées. Ta force irrigue nos terres crevassées. Elle est une pluie qui ranime la tige qui penche. Viens vers nous avec force pour que nous acceptions sans peur nos propres faiblesses et sans honte nos passages au désert. Sois fort en nous, pour que nous puissions ne pas te cacher nos dénuements. Afflue en nous, toi qui as la vie en abondance. Au nom de Jésus-Christ qui, de fort qu'il était, est apparu faible au monde, afin que nous soyons fortifiés par sa faiblesse. Amen.

Nous ne regrettons rien

Notre Dieu, il y a place dans ton histoire pour l'enchantement et pour la chute, pour la repentance et pour le pardon, pour le courage et pour l'espoir, mais il n'y a jamais place pour le regret. Tu es ce Dieu qui s'est débrouillé pour que les onze frères de Joseph n'aient jamais regretté d'avoir livré leur frère à la captivité de l'Égypte, et pour que les douze disciples de Jésus, ton fils, n'aient jamais regretté d'avoir livré leur Seigneur à la solitude de la passion et à l'abandon de la croix. Tu es, historiquement, symboliquement, vitalement, souverainement le Dieu qui se débrouille pour convertir le mal, qui reste le mal, dans le bien que nous pensions impossible. Tu as tout à faire avec la désolation, le désarroi et l'impossible surprise. Tu n'as rien à faire avec le regret.

Apprends-nous, notre Dieu, à ne rien regretter de ce qui est arrivé à nos vies, ni le bien ni le mal, comme le chantait Edith Piaf, la cahotante et la tambourinaire. Apprends-nous à ne rien regretter de ce que nous sommes, même quand nous avons du mal avec nous-mêmes. Apprends-nous à ne rien regretter de nos bêtises et de nos folies, même quand nous en avons plus souffert que nous ne le supposions. Apprends-nous à ne rien regretter des insuffisances de l'Église, ni des scandales du monde, même quand leur gifle a griffé notre visage. Apprends-nous à ne rien regretter des paradis clos et perdus, même quand nous fantasmons leurs jardins secrets. Apprends-nous à détourner notre visage de tout regret, comme toi tu détournes ton visage de notre péché et nous rends le libre usage de ta faveur.

Ô Dieu, comment oserions-nous t'appeler encore l'espérance, si nous installions le regret comme faux dieu à ta place. Amen.

La nuée

Notre Dieu tu viens couvrir nos vies comme une nuée, qui a l'apparence du feu au cœur de la nuit, qui se lève et qui s'arrête, qui nous fait camper et qui nous fait partir, au gré de la liberté de ta présence, au gré de la liberté de notre confiance (Nombres 9,15-23). Ainsi tu nous accompagnes, tu nous précèdes et tu nous suis, mais c'est à nous de marcher, de lever le camp et de nous arrêter, de savoir attendre.

Nous te remercions d'avoir choisi comme sacrement de ta présence la nuée, qui n'est ni la menace opaque des orages, ni la transparence, vide et fixe, du ciel, mais une clarté, à la fois révélée et voilée, une lumière qui rayonne sans se laisser voir, une ténèbre habitée de feu. Ainsi tu n'es ni le mot, qui fond comme la neige au dégel des définitions, ni la vie, qui fuit comme le sable entre nos doigts engourdis, ni la terre, trop luxuriante, ni la mer, trop répétitive, ni l'eau, qui court selon sa pente, ni même le feu, qui s'autodévore. Tu es la nuée qui marche en avant de nous et qui demeure, comme une colonne vivante, à l'horizon de nos va-et-vient.

Bien sûr, il arrive que nous nous demandions si cette nuée n'est pas tout simplement un nuage, inventé par nos désirs, un brouillard, distillé par nos ennuis ou même un tunnel, où s'engouffre parfois notre désespoir. Bien sûr, nous aimerions que tu sois plutôt le soleil, qui se voit et non pas la nuée, qui se croit. Mais tu as voulu te cacher à la vue et te donner à la foi. Tu as voulu que, dans nos itinérances, nous comptions sur ta promesse, sans détenir déjà l'arrivée, à l'égal de ton peuple d'Israël qui, pendant quarante années, le temps d'une vie humaine, a campé et est reparti sans cesse. Tu as voulu nos vies en transhumance, du matin au soir et du soir au nouveau matin.

Toi le Dieu, qui habite et qui transite dans la nuée, nous te le demandons d'un cœur entier : fais que nos vies campent et partent à l'ombre de ta présence en fleur. Amen.

Quand je dis Cévennes

Quand je dis Cévennes, tu dis Bretagne, Hollande ou Laponie, et toi tu dis Corse, Chypre ou Arabie, et, d'autres, parfois les mêmes, disent, en plus et aussi, Rome, Genève, Augsbourg, Canterbury, les Indes, La Mecque et jusqu'à Jérusalem. Ce sont nos racines, les lieux où nous palpitons de familiarité respectueuse, les lieux où nous accrochons notre mémoire en émoi. Nous y sommes, sans y être jamais allés et nous y restons, quand nous les avons depuis longtemps quittés. Nous y volons comme des oiseaux migrateurs, qui instinctivement prennent leur cap, entre vents et étoiles. Nous y demeurons, comme les sédentaires du souvenir et du revoir. Ce sont nos cartes de visite particulières et nous ne nous soucions pas de trop mêler les cartes sacrées aux cartes profanes, car nul ne sait si son sacré n'est pas folklore, ni si son profane n'est pas appel et rappel.

Toi aussi, Dieu, tu dis Sinaï, Horeb, Carmel, mer Rouge, mer Morte, mer de Galilée, villages de Bethléem et de Nazareth, villes de Capharnaüm, de Samarie et de Jérusalem, chemins de Jéricho, d'Emmaüs et de Damas. Toi aussi, tu te signales en des lieux, tu te nommes par des rencontres d'occasion, et non par mythes et archétypes, essences et concepts, super et infra-structures. Car tu es nom en un lieu. Tu n'es pas celui qui est tellement partout qu'il n'est nulle part et qu'il n'est personne.

Mais, Dieu de Canaan, fils de David, le Christ qui est Jésus, apprends-nous à te nommer et à nous nommer pour traverser toutes barrières, pour devenir frères adoptifs sur la terre entière. Délivre-nous des folklores, quand ils nourrissent la vanité et le mépris. Délivre-nous des confessions et des religions, quand elles augmentent la suspicion et la séparation. Donne-nous des racines qui emmêlent ensuite leurs branches. Tu nous as créés pour la confession de notre nom, mais aussi pour la communion de ton nom.

Quand je dis Cévennes, permets que je ne haïsse pas la Lozère et que je ne méprise pas la plaine. Permets que je vive en ma foi, sans me barricader dans ma religion. Préserve-moi de ces deux sœurs, qui me sont toutes deux adverses : l'indifférence et l'intolérance, toi qui es l'unique Dieu révélé à chaque peuple en sa propre langue, comme au jour de la Pentecôte il n'y eut qu'un seul feu et de multiples flammes. Amen.

Ivresse légère

Notre Dieu, c'est entendu, il ne faut pas confondre le vent de Pentecôte avec les effets du vin doux (Actes 2,13). C'est entendu, la sobriété vaut mieux que l'ivresse et tu n'as jamais souhaité que nous confondions la drogue avec la foi.

Mais il est pourtant bon de vivre parfois en légère ivresse, de perdre son quant-à-soi et sa timidité, d'oublier sa trop rigide identité, de voguer de tendresse en allégresse. Il est bon de confondre le jour avec la nuit, de recevoir un coup de lune en plein soleil, de se baigner à minuit comme à midi. Il est bon de dire des bêtises sensées et d'inventer des étourderies. Il est bon de danser au rythme du corps et du cœur. Oui, il est bon d'être un peu ivre, comme ton apôtre saint Paul l'était aux yeux sourcilleux des paroissiens de Corinthe : « Ah ! si vous pouviez supporter de moi un peu de folie, eh bien oui ! supportez-moi ! » (II Corinthiens 11,1).

Car, notre Dieu, tout est bon dont nous pouvons nous réjouir en remerciant. Tout est bon qui fait briller les yeux, plisser les joues, agiter les mèches.

Tout est bon qui donne à ta création son allure de fête et qui de ta création nous institue convives. Tout est bon, quand je perds la tête car j'ai trouvé ma joie.

Nous te demandons l'ivresse légère, qui nous transporte en ballon jusqu'au ciel de tes annonciations et de tes bénédictions. Nous te demandons de pouvoir en garder le délice du souvenir, quand nous sommes revenus au réveil du petit matin dégrisés. Nous te demandons cette légère ivresse pour tous ceux qui nous entourent, dans notre famille et chez nos amis, dans notre travail et chez nos voisins, dans notre paroisse et chez nos « coreligionnaires », dans notre monde et parmi les nations, afin que l'on sente, quand même, que tu nous donnes le pain, mais aussi le vin, la tâche mais aussi la joie, la foi mais aussi l'ivresse.

Car c'est par l'ivresse de ta folie que tu as créé, que tu as sauvé et que tu accompliras le monde. Amen.

Je prends plaisir

Mon Dieu, je prends plaisir à réveiller l'amour qui dort, à découvrir le jour qui sort, et même à affronter le sort qui mord. Je prends plaisir à la surprise et à la constance, à la complicité et à l'entente, au travail et à la détente, à la solitude et à l'amitié. Je prends plaisir à la variété et à l'unicité. Je prends plaisir quand les choses et les êtres savent se saluer réciproquement, quand leur contiguïté devient poreuse et leur commerce fécond. Je prends plaisir à tout étonnement, qui émerveille, à tout enchantement, qui transporte.

Je prends plaisir aussi à l'obstination et à l'endurance, qui créent la force, qui surmontent la dislocation et l'effacement. Je prends plaisir au labeur, qui accouche et à la ferveur, qui anime. Je prends plaisir à ce qui parle et qui s'approche comme à ce qui ne parle pas et qui se regarde. Je prends plaisir à ce qui s'oppose et qui force à sortir de soi, comme à ce qui s'exclame et qui vous amène chez lui.

Toi aussi tu es un Dieu qui prend plaisir à réveiller, à persévérer et à visiter l'homme. C'est pourquoi tu n'as pas donné à ton amour d'autre raison que le seul bon plaisir de ton élection. Tu n'as pas redouté que l'on te soupçonne d'être ainsi arbitraire et trop humain, partial et trop peu universel. Tu as couru le risque de toutes ces caricatures, car tu tenais à manifester que ni la raison, ni la volonté, ni le devoir, ni la prévoyance, mais le désir lui-même et lui seul te montrait Dieu vivant.

Mais le plaisir, mon plaisir, est aussi une prison. Il est le serpent qui me murmure : tu n'as pas et tu n'es pas assez. Il est l'attirance vide et le mirage qui recule. Il est le poison qui me distille le rêve et l'ennui. Il est le feu devenu cendre, le sable qui fuit la main, l'eau qui retombe en buée.

Car toi ton plaisir, tu le trouves en nous et non en toi, Dieu de l'élection et non de la jouissance. Dieu de l'incarnation et non de l'attirance. Dieu de la livraison et non du retrait, Dieu de la foi et non du désir.

Je te le demande, purifie mes désirs, non pour les affaiblir, ni les assagir, mais pour les enraciner, tout comme tu as enraciné le bon plaisir de ton élection dans le travail de ton alliance. Car à quoi me sert-il de multiplier mes plaisirs, s'ils prennent le goût de l'insatisfaction. Peux-tu donc renouveler en moi l'éveil et combattre en moi la prison ? Le peux-tu, toi qui as sauvegardé le plaisir de son égocentrisme et qui as choisi de ne jamais te détacher de nous, même quand nous nous sommes lassés de toi ? Amen.

J'improvise

Les mots me viennent comme une surprise que je n'ai pas produite, comme une consistance que je n'ai pas prévue, comme une compagnie, dont je ne me suis pas douté.

Avant de te prier, je sais que je ne saurai pas le faire, car je ne suis ni assez croyant, ni assez recueilli en moi-même, ni assez ouvert aux autres, ni assez conséquent avec ce que je dis, ni assez solide, pour que mon silence soit ma présence à toi. Je ne saurai pas prier, comme il le faudrait. Ma tête est une volière, remplie d'oiseaux éparpillés, mon regard, un papillotement de lueurs, ma langue, un serpent qui se mord la queue, mon corps, une corde non démêlée et qui souvent m'étrangle, mon cœur, un fleuve dont le milieu va trop vite et dont les bords s'enlisent. Avant de te prier, je sais que rien ne va circuler entre toi et moi, comme il le faudrait.

Mais tu n'aimes pas que l'on sache comment il faut prier à l'avance. Tu n'aimes pas que nos dires soient des redites et nos paroles des récitations. Tu n'aimes pas ce qui est appris et non jeté, ce qui est préfabri-

qué et non hasardé. Tu n'aimes pas que l'homme soit
ton perroquet, ni le perroquet de personne.

Alors, je me jette à l'eau des mots. J'improvise sur
la corde entre le mutisme et le savoir-dire. J'improvise et les mots me tendent la main, les mots donnent aux autres des mains et nos mains saisissent ta
main. J'improvise et j'avance à la surface des eaux
profondes de la peur et de la stérilité sans m'y noyer.
J'improvise, je marche sur les eaux, je suis debout et
je ne suis plus seul avec moi-même.

Mon Dieu, si j'improvise, garde-moi de planer
dans mes nuages. Protège-moi de la spontanéité,
quand elle mousse sur rien! Sauve-moi de l'exagéra-
tion qui crée le doute, de la dramatisation qui bloque
la participation, de la chaleur céleste qui refroidit
tous ceux qui restent au sol.

C'est sans doute pourquoi tu me donnes un cadre,
un modèle, un chemin et une liturgie. Fais que j'y
trouve ma maison commune.

Mon Dieu, quand j'improvise, sois le garde-fou de
mes fantaisies et le paratonnerre de mes divagations,
car tu es le Dieu de la spontanéité du cœur et de la
discipline de la marche. Amen.

Je m'aventure

Je m'aventure, comme tu t'es aventuré envers nous, sans savoir à l'avance si nous t'approuverions, ou si nous nous méfierions, si nous donnerions de la force à tes bénédictions ou aux insinuations du serpent, si nous entrerions en complicité ou en divorce avec toi, en bonheur ou en malheur avec nous. Car tu n'as pas créé le monde par nécessité, par causalité, par finalité, ni même par raison harmonieuse. Tu l'as créé par l'aventure de ton amour et cela tu l'as appelé création, élection, vocation, invitation.

Je m'aventure, comme ton fils, Jésus-Christ, s'est aventuré avec nous, sans savoir à l'avance si nous le recevrions ou si nous le supprimerions, si nous accorderions foi à ses paraboles et à ses guérisons ou si nous nous moquerions de ses simplismes et de ses mégalomanies, en les appelant banalités ou blasphèmes. Car il est venu comme celui qui quitte sa sécurité parentale avec toi, qui s'en dépouille radicalement et qui risque l'aventure conjugale avec nous, partenaires incertains. Cela il l'a appelé réconciliation, rédemption, passion, salut.

Je m'aventure, comme ton envoyé, le Saint-Esprit, s'aventure aujourd'hui avec nous, sans savoir à l'avance si nous porterons des fruits ou si nous étoufferons la graine, si nous prendrons son vent ou si nous replierons nos voiles, si nous recevrons sa puissance ou si nous déclamerons notre impuissance. Car il habite parmi nous comme celui qui n'envahit pas la maison mais qui frappe à la porte. Il n'est ni le tonnerre, ni le vent, mais la brise, qu'il faut savoir prendre. Cela s'appelle aujourd'hui la sanctification et à terme la glorification.

Alors, moi aussi je m'aventure dans l'amour, sans savoir à l'avance si je mûrirai en tendresse ou si je moisirai en désaffection. Je m'aventure dans le travail, sans savoir à l'avance si je grandirai en aptitude ou si je me rapetisserai en insatisfaction. Je m'aventure avec l'inconnu, car il m'apprend mes richesses que j'ignorais. Je m'aventure en combat, car je dépéris de ce que j'évite. Je m'aventure en incertitude, car la foi rejaillit du doute et végète en immobilité. Je m'aventure en jeunesse, car il faut quitter et découvrir. Je m'aventure en vieillesse, car il faut rejoindre et retrouver. Je m'aventure, sans savoir si j'arriverai.

Ô Dieu, fais de nos aventures ton apprentissage et de tes aventures notre sécurité. Amen.

Retrouvailles

Notre Dieu, il n'y a rien de plus chaleureux pour un cœur humain que de « retrouver », quand on pensait avoir définitivement perdu les autres et soi-même, quand on avait tiré un trait sur l'addition de sa vie et que ce trait avait couleur de cendres. Car tous, nous sommes passés par ces moments où il faut, semble-t-il, clôturer en perte. Tous nous avons connu les réveils du trop-tard, qui ne servent à rien. Tous nous avons perdu le contact, perdu l'estime, perdu le courage, perdu la confiance, perdu la foi.

Mais, ô Dieu, toi-même, tu n'es pas le Dieu des trouvailles, mais des retrouvailles. Tu n'es pas le Dieu du premier souffle, au début du ministère en Galilée, mais le Dieu du second souffle, au lendemain de Pâques, après la perte de tout au Vendredi Saint. Dans la première alliance, tu as bâti ton peuple sur douze frères, les douze fils de Jacob, dont onze s'étaient liés pour vendre le douzième à la captivité et qui se sont pourtant tous retrouvés, non pas dans la peur, ni le remords, mais dans l'étrange joie que même le mal se soit converti en bien. Dans la seconde alliance, tu as bâti ton Église sur douze apôtres, qui se sont liés pour livrer ton fils unique, leur frère aîné, à l'oubli de la mort et qui se sont pourtant tous retrouvés, non pas dans l'effroi ni la honte mais dans l'étrange joie que Dieu ait conservé les anciens meurtriers pour en faire les nouveaux confesseurs. Tu n'es pas le Dieu de l'insurrection et des commencements, mais le Dieu de la résurrection et des recommencements, qui sont chose plus profonde, plus vraie, plus solide, plus grave et finalement plus joyeuse. Car il y a plus de joie, dans le ciel et sur la terre, pour une brebis perdue et retrouvée, que pour quatre-vingt-dix-neuf brebis conservées, et qui se perdront peut-être.

Donne-nous donc les retrouvailles avec nos amis, parsemés dans la hâte et la négligence des années. Fais qu'elles aient alors la solidité du métal, passé au feu.

Donne-nous donc les retrouvailles avec la foi, égarée comme une aiguille dans la botte de foin des objections, des déceptions et des désaffections. Fais qu'elle ait alors le brillant de la lune, au ciel de la nuit.

Donne-nous donc les retrouvailles avec l'action, enlisée comme une barque dans la vase du pouvoir et les roseaux de l'opposition. Fais qu'elle ait alors la force de l'épée, qui tranche les nœuds gordiens.

Donne-nous les retrouvailles avec l'amour, qui a glissé comme un anneau trop lâche au doigt inattentif de la vie. Fais qu'il ait alors l'éclat du diamant, resurgi.

Tu es le Dieu de Pâques et des retrouvailles. Mets-les, nous t'en prions, sur les chemins de nos vies humaines, pour que nos cœurs se réchauffent à l'itinéraire de ton propre cœur. Amen.

Je ne savais pas
qu'il y aurait un encore

Notre Dieu, nous ne savions pas qu'il y aurait un encore. Nous avions pensé que plus rien d'important, ni de gracieux, ne nous surviendrait. Nous étions devenus ceux qui affichent «fermé», pour cause de saturation ou de dénuement, pour fadeur de l'habitude ou pour douleur du souvenir. Nous avions nos yeux dans notre dos. Nous marchions à reculons. Nous étions l'autruche, au soir de la journée.

Et voici qu'il y a encore quelqu'un qui me découvre et que je découvre, tant et si bien que d'un coup nous sommes de jeunes vieux amis d'aujourd'hui, pour toujours.

Et voici qu'il y a encore une parole de toi à connaître et à savourer, tant et si bien que d'un coup elle brille comme une perle dans l'huître entrouverte.

Et voici qu'il y a encore un travail à faire, tant et si bien que d'un coup mon inutilité se mobilise et que ma journée se repeuple.

Et voici même qu'il y a encore du repos et des vacances à prendre, tant et si bien que d'un coup la saine fatigue de la vie chasse la mauvaise fatigue du vide.

Je ne savais pas que je pourrais dire « encore », sans le pli amer de la bouche qui retombe, avec le pli curieux de l'œil qui s'allume.

Il y a encore cette prière que je puis allonger, sans m'y endormir. Il y a encore cette église que je puis fréquenter, sans m'y ennuyer. Il y a encore mes enfants et mes petits-enfants, mes parents et mes grands-parents, que je puis chérir, sans m'y énerver. Il y a encore le travail et la politique, où je peux participer, sans ironiser. Il y a encore la culture et la beauté, où je peux nourrir mon esprit, sans blaser mon goût. Il y a encore des pauvres avec nous et en nous, pour lesquels je puis combattre, auprès desquels je puis apprendre, sans relâche.

Notre Dieu, donne-nous ces « encore », que ta bonté a préparés d'avance pour ceux que tu aimes. Amen.

Élargis-nous

Notre Dieu, nous te demandons d'élargir l'espace de nos tentes et de nos vies. Nous te demandons d'avoir un cœur assez désintéressé de lui-même, pour que beaucoup d'autres intérêts puissent y nicher leur nid. Nous souhaitons pouvoir cueillir, accueillir et recueillir les êtres et les choses qui surviennent sur nos chemins, chanter avec ceux qui rient, pleurer avec ceux qui souffrent, songer avec ceux qui rêvent, agir avec ceux qui transforment, voir avec ceux qui montrent, deviner avec ceux qui cachent, marcher avec ceux qui se lèvent, camper avec ceux qui s'arrêtent, aller avec ceux qui courent, souffler avec ceux qui récupèrent, parler avec ceux qui échangent, nous taire avec ceux qui font halte. Nous souhaitons, ô Dieu, avoir un cœur au large, un cœur en émoi et en ardeur, un cœur en arrêt et en douceur.

Mais voici que nos tentes, nos cœurs et nos vies ont tendance à se rétrécir, comme une robe qui a trop de fois été à la lessive et dont la couleur se fane. Voici que nous avons tendance et tentation de nous réduire, de délaisser ce qui nous cause difficulté et embarras, de nous calfeutrer dans un recoin étroit, de crainte de ne pas savoir nous y prendre avec ce qui est trop étranger à notre nature, trop dur pour nos capacités, trop incertain dans ses résultats. Voici que nous renonçons trop vite et que nos vies s'amenuisent, comme une confiture desséchée.

Sérieusement, notre Dieu, nous te le demandons, chaque jour, élargis-nous, pour que vieillir ne soit ni s'endurcir, ni pourrir, mais sans cesse mûrir, avec la pluie et le soleil, avec la fleur et le fruit, avec les racines et les branches. Plante-nous comme des arbres, dans la terre de ta création, vers le ciel de ta rédemption. Plante-nous comme du blé, qui pousse avec et malgré l'ivraie, les orties et les pierres du chemin. Plante-nous comme un village au sommet d'une colline, si bien que ses lumières balisent la plaine, avec et malgré le vent, le brouillard et l'orage. Plante-nous comme un olivier, qui scintille. Plante-nous comme un bambou, dont la souplesse devient du fer. Plante-nous comme un cèdre, qui abrite et découpe l'espace. Plante-nous comme un cyprès, qui s'affine en oriflamme. Plante-nous même comme un platane, qui bedonne au long des routes et leur donne ombrage. Plante-nous comme les arbres qui franchissent les saisons et qui s'élargissent sans cesse, car «le royaume de Dieu est comparable à une graine de moutarde qu'un homme plante dans un jardin. Elle pousse, elle devient un arbre, et les oiseaux du ciel font leurs nids dans ses branches» (Luc 13,18-19). Amen.

Nous franchissons nos frontières

Notre Dieu, nos vies sont limitées et il est bien qu'il en soit ainsi. Nous n'avons qu'un tempérament, dont nous constatons les réactions et les remontées. Nous n'avons qu'un métier, où progressivement nous avons acquis l'expérience et l'aisance. Nous n'avons qu'un pays, donné en partage à notre naissance ou à notre adoption. Nous n'avons qu'un amour, qui nous attire et nous heurte. Nous n'avons qu'une foi, même quand nous trébuchons dans son expression et sa recherche. Nous n'avons qu'un nom unique, comme toi-même, le Seigneur de l'univers multiple tu n'as pourtant qu'un nom unique, donné en connaissance et suffisance.

Apprends-nous ainsi à te reconnaître, à habiter et à aimer nos limites, afin que nous devenions des arbres plantés, plutôt que des girouettes agitées par les vents.

Mais qui dit limites, dit aussi frontières, les frontières des autres et de toi, les frontières des nations et des cultures, des classes et des races, les frontières des dons et des manques, les frontières de la foi et de l'incroyance.

Notre Dieu, sans quitter nos limites, nous voudrions aussi franchir nos frontières, pour vivre le voyage, le brassage, l'échange et la communion. Nous voudrions aller là où ne nous porte pas notre origine, comprendre ce que notre formation ne nous donne pas à saisir, faire ce que nos habitudes ignorent, oublient et parfois méprisent. Nous voudrions faire comme toi, qui es le Dieu unique d'un peuple unique et qui es pourtant aussi le Dieu qui abat les barrières, qui va et envoie jusqu'aux extrémités de la terre, qui va et envoie jusqu'aux extrémités de l'existence. Nous voudrions franchir nos frontières avec toi.

Donne-nous ainsi, non pas de nous dépasser prétentieusement, mais de nous transporter aventureusement. Donne-nous d'aller, là où nous nous raidissons, d'aimer, là où nous nous recroquevillons, de nous lier, là où nous nous refusons. Donne-nous la force et la joie de franchir l'infranchissable de chacune de nos vies. Amen.

V.

Liturgies

Je te dis : je et nous

Nous te prions ensemble, dans cette communion qui nous rend tous égaux, dans ce dépouillement qui efface nos distinctions, dans cet enlèvement qui nous rend tous semblables, dans cet anonymat où chacun se sait nommé. Quand je dis nous, tu comprends je et quand je dis je, tu comprends nous.

Quand nous te prions, chacun effaçant son visage dans la jointure de ses mains, nous cessons d'être face à face dans la perpétuelle quête de l'originalité, de l'admiration ou de l'humiliation, de la différence à respecter, de l'attention à imposer, ou de l'indifférence à subir. Quand nous prions, nous devenons côte à côte, non pas chacun refermé sur lui-même, tel un solitaire qui épie ses voisins, mais tous absorbés par la même parole, qui nous porte vers un même lieu, tels les compagnons qui ne croisent plus leurs regards, mais qui marchent à un même rythme, tels les musiciens d'un orchestre qui s'accordent à la mélodie, tels les danseurs qui ont trouvé la mesure des pas et des corps. Quand nous te prions, je ne pense plus à cesser de dire je pour tenter de dire nous, ni à dire nous pour faire oublier que je dis je. Je passe sans le savoir de l'un à l'autre et je m'oublie en te livrant l'extrême de moi-même.

Car tu es le seul qui puisse vraiment dire je, le seul qui sait ce qu'il veut et qui veut ce qu'il sait, le seul qui commence et qui achève, le seul qui se nomme dans la multitude des masques et des incertitudes, le seul qui est tout autre que le destin, sans regard, tout autre que la nature, sans message, tout autre que l'histoire, sans dessein. Toi seul tu es Dieu. C'est-à-dire la parole advenue au monde pour éclairer tout homme. Tu es l'unique, qui oriente notre écoute.

Mais, ô Dieu, quand tu dis je, c'est de nous tous qu'il s'agit. Tu constitues ton peuple à partir de toutes nos diversités, comme ton unique esprit s'est posé en flammes séparées sur chaque langue, chaque tribu, chaque culture au jour de la Pentecôte. Et personne ne savait pourquoi tous et chacun entendaient l'unique esprit dans son propre langage.

Quand je dis nous, c'est de toi qu'il s'agit pour chacun. Quand je dis je, c'est de nous tous qu'il s'agit pour toi. Amen.

Prière pour que la Bible s'ouvre

I

Notre Dieu, nous venons à toi avec nos inattentions. Donne-nous de nous concentrer et de cesser de voltiger comme l'oiseau, qui se heurte et se blesse aux barreaux de sa cage.

Nous venons à toi avec nos soucis. Donne-nous de nous alléger et de cesser de trotter, le cœur et le corps courbés sur les cailloux de la route.

Nous venons à toi avec nos envies. Donne-nous de nous discipliner et de cesser de convoiter ce que les autres auraient et que nous n'aurions pas.

Nous venons à toi avec nos dégoûts. Donne-nous d'apprendre à sourire et de cesser de promener nos visages fermés.

Nous venons à toi avec nos haines. Donne-nous de réapprendre à aimer et de cesser de mettre du bois aux foyers de nos rancœurs.

Nous venons aussi à toi avec nos bonheurs. Donne-nous de moins craindre de les perdre, afin de les laisser venir à nous, quand ta grâce les dispose et les dispense.

Notre Dieu, nous venons à toi, tels que nous sommes et nous souhaitons que tu viennes à nous, tel que tu es. Amen.

II

Notre Dieu, tu nous as donné rendez-vous dans ta Parole. Mais il arrive souvent que nous nous manquions. Nous arrivons trop tôt et rien n'est préparé pour le temps de l'accueil. Ou nous arrivons trop tard et ce n'est plus que le temps des regrets.

Car tu es un Dieu curieux, un Dieu vivant, un Dieu qui passe et le moment favorable de ta rencontre se manifeste en forme d'occasions. Tu n'es pas un Dieu éternellement disponible, c'est-à-dire un Dieu à la merci de l'éventuelle condescendance humaine. Si ceux que tu as invités ne viennent pas, tu en inviteras d'autres. Tu es le Dieu souverainement libre. Mais tu n'es pas non plus un Dieu éternellement caché, c'est-à-dire un Dieu inatteignable dans la permanence de sa transcendance divine. Toujours tu parles, tu proposes, tu invites, tu frappes à la porte du monde. Tu es le Dieu souverainement bon.

Permets donc que nos rendez-vous, secrets et publics, deviennent nos rencontres. Donne-nous l'émoi de l'amoureux, qui devine la présence. Donne-nous l'élan de l'amoureux, qui enserre qui il aime. Donne-nous la mémoire de l'amoureux, qui retient dans son cœur tout ce qui a eu lieu et qui en magnifie la grâce et la gloire.

Notre Dieu, vivons ensemble la joie imprévue et la répétition régulière de nos rendez-vous trouvés. Nous te le demandons à toi qui t'es incarné en ton Fils pour que notre terre croise ton ciel, par la force du Saint-Esprit. Amen.

III

Ta Parole est comme du pain. Casse sa croûte, pour que nous puissions goûter sa mie. Donne-nous de la mâcher, afin que nous puissions la digérer. Donne-nous de la savourer, afin que nous ayons envie d'y revenir. Donne-nous d'accompagner avec elle les moments si divers de nos vies, comme le pain accompagne les plats si variés de la table. Donne-nous de la partager comme le pain se partage, selon le goût et l'appétit de chacun. Ta Parole est aussi ordinaire et aussi essentielle que le pain. Elle n'est pas une brioche, réservée aux estomacs délicats, et elle n'est pas non plus un étouffe-chrétien, imposé aux estomacs rebelles. Ta parole c'est le vrai pain, descendu du ciel, pour la nourriture des hommes. Amen.

IV

Ta Parole est comme l'eau. Rafraîchis-nous à sa source, plonge-nous dans son courant, entraîne-nous vers sa mer.

Ta Parole est comme le feu. Qu'elle nous éclaire,

sans nous éblouir. Qu'elle nous réchauffe, sans nous brûler. Qu'elle nous embrase, sans nous dévorer.

Ta Parole est comme le ciel. Élargis-nous en elle, pour que nous connaissions la hauteur et la profondeur de tout ce qui est.

Ta Parole est comme la terre. Enracine-nous en elle, pour que nous éprouvions la solidité et la constance de tout ce que tu donnes, exiges et promets. Amen.

V

Notre Dieu, il arrive que nous connaissions trop toutes tes paroles et toutes tes histoires. Elles deviennent alors en nous des refrains sans saveur, des récits sans intrigue, des conseils sans autorité. Ta Bible devient une exposition trop de fois visitée pour que nous ayons encore envie de suivre le guide et de regarder les tableaux. Ta parole vive se transforme en ressassement mort.

Mon Dieu, je voudrais qu'il en soit autrement. J'aimerais que l'ennui du ressassement cède le pas aux délices de la répétition. J'aimerais que, semblable à une musique dont les variations s'appuient au long de la même mélodie, ta Parole devienne et redevienne la tonalité profonde de ma vie, si bien que mes variations infinies s'inscrivent dans le rythme même de ta révélation.

Notre Dieu, nous ne savons pas comment peut avoir lieu cette métamorphose. Mais nous en souhaitons la venue. C'est pourquoi nous avons voulu, simplement, aujourd'hui et maintenant, t'avouer notre gêne et notre inquiétude, afin que tu nous délivres et que tu nous apaises. Amen.

VI

Notre Dieu, ton fils Jésus-Christ nous l'a dit : « Ton royaume est comparable à un trésor qui était caché dans un champ et qu'un homme a découvert : il le cache à nouveau et, dans la joie, il s'en va, met en vente tout ce qu'il a, et il achète ce champ » (Matthieu 13,44). « Ton royaume est encore comparable à un marchand qui cherchait des perles fines. Ayant trouvé une perle de grand prix, il s'en est allé vendre tout ce qu'il avait et il l'a achetée » (Matthieu 13,45-46).

Comment se fait-il, ô Dieu, que les hommes du monde soient capables de passions si totales, si astucieuses, si tenaces et si ravies alors que nous, les hommes de l'Église, nous ne trouvons pas notre trésor en toi ? Comment se fait-il que nous oubliions de creuser le champ de la Bible et de la vie, si bien que nous manquons ce qui est caché, ou encore que, l'ayant trouvé, nous oubliions de le cacher à nouveau, si bien que nous le banalisons et le perdons, ou encore que, l'ayant caché, nous ne le retrouvons plus ? Comment se fait-il que nous soyons des paresseux, des négligents et des inconstants ?

Mon Dieu, mets ton trésor et ta force au cœur

de ma vie, afin que je te trouve, au long de ma recherche, et que tu me trouves, au long de ta poursuite. Amen.

Pour recevoir le baptême

I

Seigneur Jésus-Christ, je te demande, moi-même, mon baptême, pour me lier à ton parcours. Moi, selon ma nature, je vais toujours de la vie à la mort et toi, selon la grâce que tu as reçue et montrée, tu as été de la mort à la vie de Pâques. Fais qu'ainsi ta grâce lutte avec ma nature, pour que je puisse renaître de jour en jour.

Ce baptême, ce plongeon, cette noyade, je m'y décide librement, sans magie, simplement, sans phrases. Je m'y décide dans l'engagement de ma foi. Je me greffe sur ta racine. Je m'encorde à ton escalade. Je monte sur ton bateau et je me charge de ta grâce, comme je te demande de te charger de ma nature.

Ce baptême, je ne le demande qu'une seule fois, car c'est en une seule fois que tu as été l'agneau qui prend, qui porte et qui ôte le péché du monde. Fais qu'en une seule fois je jette ma vie dans tes mains, afin que chaque jour qui suivra je devienne l'apprenti de ton chemin et que je demeure engagé dans ton peuple. Amen.

II

Seigneur notre Dieu, nous te demandons le baptême pour cet enfant, qui regarde, sans rien comprendre, qui s'agite ou qui sourit, sans rien deviner. Nous demandons, nous souhaitons et nous voulons que cet enfant fasse partie, par adoption, de la famille de ton fils, de même que, par naissance, il fait partie de notre chair et de notre sang. Nous lui offrons ton cadeau dans la simple espérance que sa vie puisse peu à peu le connaître, le goûter et le saisir.

Mais c'est à nous-mêmes, ô Dieu, que nous nous adressons maintenant, car c'est par nous d'abord qu'il apprendra si ce cadeau est vraiment précieux, ou s'il n'est que rite habituel, cérémonie étrange et étrangère, formalité d'Église, inscrite puis oubliée. C'est par nous d'abord que ce baptême deviendra source et ne se transformera pas en filet d'eau, égaré dans la succession des sables de la vie, dans le Sahara de nos indifférences. Ô Dieu, tu es le cadeau offert à nos vies et nous sommes nous-mêmes les célébrants vivants du prix de ce cadeau.

Mais s'il arrive que nous soyons des célébrants inactifs et paresseux, maladroits et incapables, nous te le disons, avec une humble et rude franchise : alors, ô Dieu, passe-toi de nous, passe au-delà de nous et va toi-même, tout seul, avec d'autres, vers notre enfant, pour que ta grâce lui parle la langue que nous n'aurons pas su manier et lui dise : tu peux toi-même aimer, car Dieu t'a le premier déjà aimé, au temps où tu n'en savais encore rien. Amen.

Prières pour que la communion nous nourrisse

I

De même que dans quelques instants ce pain et ce vin vont faire partie de notre chair et de notre sang, de même veuille ton esprit, sa force, sa consolation et sa joie faire partie de nos vies. Toi qui as été présent, en ton corps ressuscité, à la recréation du monde, sois présent, en ton corps partagé, à la recréation de nos vies. Donne-nous de manger, de marcher et de vivre avec toi. Donne-nous d'attester sur la terre la promesse de ton royaume au milieu des hommes, nos frères, Toi qui règnes déjà, à la droite de ton Père, dans les cieux, fais qu'ainsi nos vies humaines se nourrissent du mouvement de ta vie, livrée pour nous, afin que nous soyons libérés avec elle. Amen.

II

Ô Dieu, nous ne pouvons pas marcher, si nous n'avons du pain pour conforter nos membres. Nous ne pouvons pas chanter, si nous n'avons du vin pour réjouir nos cœurs. Au long de nos journées, au long de nos semaines, au long de nos années, donne-nous les nourritures de ta table. Donne-les-nous, quand nos pieds trébuchent, quand nos mains tâtonnent, quand nos cœurs s'assombrissent. Donne-les-nous quand nos pas s'élancent, quand nos mains se tendent, quand nos cœurs bondissent. Nourris les affaiblis et nourris les vaillants, indifféremment, comme indifféremment Jésus-Christ est mort et ressuscité pour tous les hommes et pour chacun de nous. Amen.

III

Seigneur Jésus-Christ, Tu es venu pour diviser et pour rassembler. Tu es venu pour nous diviser d'avec nos indolences et nos regrets. Tu es venu pour nous rassembler avec ta victoire et ton espérance. Fais que cette division agisse en nous, sinon nous rendrions vaines ta souffrance vécue et ta résurrection reçue. Fais que ce rassemblement opère en nous, sinon nous rendrions vain ton salut offert et ton pardon donné. Engage-nous dans le double combat de la division nécessaire et du rassemblement vécu, toi qui t'es engagé pour nous dans la nuit du Vendredi Saint jusqu'à l'aube de Pâques. Amen.

IV

Seigneur Jésus-Christ, c'est une joie de manger et de boire silencieusement à ta table, après avoir entendu, compris et aimé le sens de cette communion. C'est une joie de n'avoir plus à parler, à expliquer ni à commenter, mais seulement à prendre et à recevoir. C'est une joie que ton sacrement soit un acte si simple qu'il nous suffit de nous approcher pour devenir convives avec toi et entre nous. C'est une joie que toute bouche maintenant se taise pour que nos gestes seuls parlent. C'est une joie que cette communion mette un terme, un comble et un sceau à nos prédications, tout comme le silence de ta passion a mis un terme, un comble et un sceau à ton ministère. C'est une joie que toute chair humaine fasse silence quand vient le temps de l'offrande. Amen.

Prières pour déposer nos péchés

I

Seigneur Dieu, j'ai besoin de déposer devant toi le poids lassant de mon péché. J'ai besoin que cessent les alibis et les excuses qui ne trompent personne et surtout pas moi. J'ai besoin que cessent les regrets et les tourments, qui ne délivrent personne et surtout pas moi. J'ai besoin de déposer entre tes mains ce sac de nœuds, où je m'étouffe en vain. J'ai besoin de quelqu'un auprès de qui je puisse confesser mon trouble et mon secret. J'ai besoin d'en finir avec les soucis qui m'assaillent du dehors et avec les tourments qui me rongent du dedans. J'ai besoin de la tranquillité de ta bonté. Ô Dieu, j'ai besoin de toi.

II

Seigneur Jésus-Christ, tu ne t'étonnes pas que nous soyons pécheurs, mais tu t'irrites que nous trichions avec notre péché. Tu ne t'étonnes pas que

chacun de nous ait des défauts visibles : l'orgueil, la
dureté, l'avarice, la méchanceté, l'injustice et des
défauts cachés : la convoitise, la jalousie, la médiocrité, la lâcheté, la bassesse, mais tu entres en colère,
quand nous nous défilons. Tu ne t'étonnes pas de
nos faiblesses et de nos tentations, mais tu refuses leur
hypocrisie. Nous te le demandons : rends-nous libres
pour la confession de nos péchés, afin que nous trou-
vions auprès de toi la purification de nos consciences
et le repos de nos corps. Amen.

III

Seigneur Saint-Esprit, visite-nous quand nous
sommes désespérés, quand nous tournoyons dans le
flux et le reflux de nos hésitations. Visite-nous quand
notre maison est murée sur nos silences, envahie de
nos déchets, encombrée de nos regrets. Visite-nous
quand nous payons pour nos égarements et quand
nous souffrons de nos déchirures. Visite-nous aux
jours sans visites. Car tu es l'avocat et le consolateur.
Tu es notre avocat, qui nous défend contre les autres
et contre nous-mêmes. Tu es le consolateur de ceux
qui souffrent, comme si leur souffrance devait pour
toujours aviver leurs plaies. Tu es le Saint-Esprit qui
vient en aide à notre esprit, pour que nous puissions
à nouveau nous lever et marcher à la face de Dieu,
du monde et de nous-mêmes. Amen.

IV

Sainte Trinité, tu éclaires le monde, comme le soleil du Père, que nul ne peut voir, comme le rayon du Fils, qui est descendu parmi nous, et comme l'œil de l'Esprit, qui regarde en nous. Fais que nous puissions déposer les péchés de nos vies auprès de toi, afin qu'ils fondent comme la neige au soleil, afin qu'ils passent comme l'obscurité des nuages, afin qu'ils disparaissent comme la tache désastreuse. Sainte Trinité, redonne-nous la joie d'une vie nouvelle dans cette confiance que tu as en nous et que nous trouvons en toi. Car il y a un salut dans ton soleil levant, qui chasse les obscurités de nos nuits. Amen.

Prières pour consacrer nos vies

I

Nous nous consacrons pour lutter sans détourner les regards, pour oser sans craindre, pour avancer sans lorgner en arrière, pour faire sans tergiverser. Nous nous consacrons pour accepter sans nous complaindre, pour porter sans nous écarter, pour supporter sans nous affaisser, pour tenir sans céder.

Nous nous consacrons pour recevoir sans convoitise, pour faire relâche sans paresse, pour trouver et donner repos, sans tension, pour prendre plaisir sans remords.

Ô Dieu, nous consacrons nos vies à toi, qui as lutté, pour créer le monde contre le chaos sans cesse menaçant, qui as porté et supporté, pour réconcilier le monde contre le destin sans cesse destructeur, et qui accompliras, pour sauver le monde contre le désespoir sans cesse rongeur.

Nous consacrons nos vies afin de vivre à ton

image, car ta sainteté est notre exemple, notre encouragement et notre horizon. Amen.

II

Ô Dieu, nous ne cherchons pas notre perfection, car elle serait un mirage, qui nous plongerait dans la déception de ne jamais l'atteindre, car elle serait un joug qui affaisserait nos épaules, car elle serait une loi, qui masquerait aux autres la bonne nouvelle de ta grâce. Nous ne cherchons pas la perfection inhumaine.

Mais nous voulons bien regarder quelle est ta propre perfection : toi qui fais lever ton soleil sur les méchants et sur les bons, qui fais pleuvoir sur les justes et sur les injustes, toi qui fais vivre et non pas mourir, fleurir et non pas flétrir, toi qui es un Dieu vivant et vivifiant.

Nous voulons bien échanger notre perfectionnisme stérile contre ta perfection féconde. Nous voulons bien consacrer nos vies à nous détourner de nous pour nous tourner vers toi. Amen.

III

Notre Dieu, donne-nous la joie de ta discipline. Tu connais l'impétuosité de nos envies et la marée de nos frustrations. Tu connais la façon que nous avons de farder le mal en bien, de déguiser nos complai-

sances en légèretés et d'arriver ainsi à confondre ce
qui nous plaît avec ce qui nous convient.

Peux-tu, ô Dieu, reconstruire nos vies dans la
bonté et la beauté de ta discipline, si bien que ta loi
devienne le garde-fou de nos folies et non pas la cen-
sure de nos plaisirs, si bien que nous en arrivions à
remercier pour cela même qui, au premier abord,
nous rebute et nous attriste.

Ô Dieu, nous consacrons nos vies à la grâce d'ob-
server ta loi. Amen.

Engagements

Notre Dieu, nous nous engageons à résister aux impulsions qui blessent et qui détruisent, à accepter les critiques qui alertent et qui instruisent, à risquer les offres qui exposent et qui lient, à donner la présence qui écoute et qui épaule. Mais tu sais combien notre cœur est plus petit que le tien. Accompagne-nous donc pour que nos engagements ne deviennent ni nos écrasements ni nos trahisons. Jour par jour donne-nous ce qu'il faut pour que nos vies soient nourries et qu'elles puissent se tenir debout. Si tu es un berger, tu ne saurais ignorer nos petites pattes, nos yeux myopes et nos oreilles inquiètes. Pourtant tu nous fais tous avancer et tu t'intéresses spécialement à celui qui trébuche et qui s'égare. Nous nous engageons ainsi dans cette troupe que tu rassembles de jour en jour, ton Église en transhumance avec le monde vers ton royaume.

Notre Dieu, nous nous engageons à te servir librement, à te connaître efficacement, à te provoquer, quand nous ne te comprenons pas, à t'obéir quand nous te comprenons assez, à te questionner encore, jusqu'à ce que tu te montres, à te remercier déjà, pour ce que tu donnes.

Nous nous engageons à vivre fraternellement avec qui nous plaît et avec qui nous déplaît, car tu nous as constitués frères et sœurs de celui qui est mort et ressuscité pour ses amis comme pour ses ennemis.

Que notre engagement soit notre écho au tien : libre dans son amour, aimant dans sa liberté, spontané et solide, ému et tenace, n'ayant pas haute opinion de lui-même, mais haute opinion de ta grâce. Accompagne notre esprit de ton Saint-Esprit. Amen.

Prière pour la patience et l'impatience[1]

Ô notre Dieu, qui par ta Grâce nous donne de ceindre l'épée de ton Royaume de Paix, qui nous a envoyés comme messagers de ta paix dans un monde où sévit la guerre et comme messagers de ta guerre dans un monde où règne une fausse paix, affermis notre main, éclaircis notre voix, donne-nous d'être humbles dans la fermeté, clairvoyants dans le zèle, afin que nous luttions non pour conquérir mais pour sauver.

Ô notre Dieu, qui par ta Grâce nous a donné d'être des instruments de ton amour dans ton œuvre de guérison et de jugement, qui nous a donné mission de proclamer ton pardon ou ta condamnation, d'annoncer aux captifs leur délivrance et leur captivité aux orgueilleux, donne-nous la patience de ceux qui comprennent et l'impatience de ceux qui aiment afin que la puissance de ta douceur puisse agir par

---

1. La seule prière de ce recueil qui n'est pas de moi et que je reproduis ici, sans en connaître l'auteur.

nous et que la miséricorde de ta colère s'exprime à travers nous.

Ô notre Dieu, qui nous a placés sur une montagne, comme une cité de lumière qui ne peut être cachée, qui nous ordonne de faire luire ta lumière en tous lieux afin que l'œuvre cachée des ténèbres soit découverte et que le mensonge et l'orgueil soient mis au jour et vaincus, accorde-nous la force de n'épargner ni nous-mêmes ni autrui, mais de faire luire ta lumière sans crainte et sans faveur, sur ceux qui la recherchent et sur ceux qui la redoutent.

Ô Dieu de vérité, d'amour et de paix, nous te remercions des contraintes que tu nous imposes, de l'œuvre que nul n'a faite et qu'il nous faut faire, de la vérité que nul n'a dite et qu'il nous faut dire. Empare-toi de nous. Sois fort en nous, afin que nous soyons forts pour faire ta volonté. Au nom de celui qui nous appelle à l'héritage de son Royaume de paix, d'amour et de vérité. Amen.

Trouver les causes

Notre Dieu, rien n'est tout de même sans causes, même si les explications ne suffisent pas pour étaler la vie et si les culpabilités ne font que la noircir et l'asservir. Aide-nous à reconnaître les causes, pour que nous puissions entreprendre de les situer, de les combattre et aussi de les aménager.

Montre-nous les causes de l'injustice dans les pays pauvres et de l'ingratitude dans les pays riches, afin que nous combattions ensemble ceux qui exploitent sans vergogne comme ceux qui revendiquent sans mesure.

Montre-nous les causes du conformisme dans l'Église et de l'assoupissement hors de l'Église, afin que nous combattions ensemble la pâleur des chrétiens et la suffisance des non-chrétiens.

Montre-nous les causes de notre médiocrité personnelle, afin que nous combattions ensemble la maladie, qui ronge, et la trop bonne santé, qui ment.

Montre-nous les causes de tout ce que nous appelons chance ou fatalité, afin que nous puissions avec

toi entrer en combat, en discipline et en redressement.

Car tu n'es pas un Dieu mystérieux, qui viendrait
envelopper de nuages et de dérobades nos vies, en
quête de connaître, de comprendre et de transformer.
Tu n'es pas un Dieu qui s'envole en l'air, dès qu'on
le presse de manière un peu précise. Tu es le Dieu de
la révélation, de la communication, qui nous presse
de manière précise, au moment même où nous four-
millons d'explications, pour nous éviter les choix, et
de culpabilités, pour nous barrer la transformation de
la repentance.

Je ne dis pas, ô Dieu, que je connais toutes les
causes et que je possède toutes les solutions. Je te
demande seulement de mettre ton doigt sur la cause
que je veux éviter de voir en face et de me donner
alors assez de force, assez de résolution, assez d'humeur et surtout assez de confiance, pour croire que
cette cause n'est que mon péché et non pas mon destin ; si bien que j'ose entreprendre d'y renoncer, pour
à nouveau pouvoir vivre. Amen.

Prières pour nous guérir des maladies

I

Mon Dieu, je suis malade, je suis affaibli, je ne trouve plus la force de me mettre debout et de marcher ma vie. Je suis déprimé et la langueur envahit mon cœur et mon corps. Je suis inhibé et paralysé. Je n'ai plus de voix pour parler à toi, aux autres et à moi-même. J'habite un recoin où je me pelotonne, comme un enfant anxieux, moi qui parais pourtant un adulte maître de lui, moi qui devrais pouvoir compter sur mon passé pour assurer mon présent et oser mon avenir.

Mon Dieu, je suis comme tous les malades : je me cache et je pense bien trop à moi. Je me tourmente et je masque mon inquiétude. Je piétine et je deviens un automate, qui fait semblant de vivre.

Tu es venu, notre Dieu, pour ceux qui sont malades. Tu ne te détournes pas de ceux dont le cœur est perclus et le corps boiteux. Tu n'as pas la religion ni de la santé, ni de l'harmonie, ni du savoir-faire. Tu viens pour nous guérir, pour balayer nos démons

intérieurs, pour nous rétablir dans l'usage de nos
membres et de nos facultés. Ton fils, Jésus-Christ, a
parlé et il a aussi guéri. Il a enseigné, et il a aussi
fortifié. Il a prêché, et il a aussi soigné.

Notre Dieu, mon Dieu, délivre-moi de ma maladie. Fais que je n'en aie plus ni honte, ni peur. Fais
qu'elle me devienne peu à peu une réalité moins
déprimante. Habitue-moi à mes handicaps, pour
qu'ils n'obturent plus la totalité de ma vie. Guéris-
moi de la détresse de ma maladie par la tendresse de
ta lucidité et de ta compassion. Afin que je puisse
vivre avec ta force dans mes faiblesses, avec ta liberté
dans ma vérité. Amen.

II

Notre Dieu, nous ne supportons pas que la maladie survienne dans nos vies, ni chez celle des êtres que
nous aimons, tout comme le mal germe dans nos
cœurs. Nous ne supportons pas que nous arrivent les
entraves et les défaillances, qui nous diminuent à nos
propres yeux. Nous ne supportons pas de ne plus être
ce que nous étions, et d'apparaître inférieurs à ce que
nous devrions être.

Notre Dieu, il y a tant de choses que nous ne supportons pas en nous-mêmes, et que nous nous en
voulons de ne pas mieux supporter.

Mais toi, tu es justement celui dont le Fils a supporté d'apparaître malade, meurtri, accablé et abandonné. Permets que cette compagnie avec Jésus-

Christ soit pour nous, non pas une commisération doloriste, mais une véritable lumière. Car sa maladie mortelle est venue apporter la santé au monde. Comme lui, avec lui et en lui, donne-nous de supporter et de porter, jusqu'au jour où tu effaceras le souvenir même des larmes et des rides. Car tu es le Dieu qui a dressé le support de ta passion contre l'insupport de nos résignations. Amen.

Quand il n'y a qu'à veiller

Seigneur Jésus-Christ, nous aimons surveiller et nous aimons quitter, mais nous ne savons pas veiller, comme tu l'attendais de tes disciples dans la nuit de Gethsémani, quand le temps était passé de parler et d'agir, quand le temps n'était pas encore venu d'affronter et de résister, quand il fallait seulement veiller avec toi sans s'endormir.

Apprends-nous à veiller avec les enfants, qui ont leur monde à eux et qui nous déconcertent dans la magie de leur confiance et l'absolu de leurs colères.

Apprends-nous à veiller avec les adolescents, qui ont les soubresauts de leur indépendance et la vulnérabilité de leurs projets.

Apprends-nous à veiller avec les adultes, qui s'absorbent dans leur travail et qui se durcissent dans leurs ornières.

Apprends-nous à veiller avec les vieillards, qui s'accrochent à la vie et qui se laissent aller à la mort.

Apprends-nous à veiller avec le monde, qui s'exalte de ses découvertes et qui s'enténèbre de ses monstruosités.

Apprends-nous à veiller avec l'Église qui jouit de la vivacité de ta Parole et qui se désole d'être une compagnie de maigre apparence.

Apprends-nous à veiller avec nous-mêmes, qui, au matin, nous levons comme le coq, glorieux et ébouriffé, qui, à midi, traînons la patte, comme le chien, avec sa langue haletante et qui, le soir, ronronnons, comme le chat, qui a déjà trop dormi pour s'endormir.

Apprends-nous à veiller dans la constance que n'atténue aucune habitude, mais qui se renforce par la joie muette de la fidélité. Apprends-nous à veiller dans la solidité d'une persuasion qui ne réclame aucune démonstration supplémentaire. Apprends-nous à veiller sans crainte, car aucun malentendu ne peut venir embrouiller la parole donnée, le cœur offert, la main serrée, le corps tranquille. Apprends-nous à veiller maintenant parce que hier nous étions ensemble et que demain nous le serons encore, même si aujourd'hui j'ai à vivre le silence, la distance, l'isolement et l'incertitude, qui sont aussi les marques de notre liberté jusqu'au cœur de l'amour.

Veille donc sur nous, toi qui n'es ni un maître d'école, ni un gendarme, ni un pédagogue, ni un comptable, mais simplement un berger, à l'entour de ton troupeau en transhumance. Amen.

Pour une vie achevée et inachevée

Notre Dieu, nous te rendons grâce pour cette vie qui a cessé d'être vivante à nos côtés et que nous accompagnons maintenant, au bord de cette terre, où le corps revient à la poussière, au bord de notre mémoire, où se maintient la saveur unique de ceux qui ont été, au bord de notre foi, qui résonne de promesses et d'achèvements qui dépassent notre cœur et notre intelligence.

Nous sommes venus pour accompagner cette existence humaine, qui ne nous tient plus désormais compagnie, mais qui nous réunit maintenant dans la gratitude, dans le deuil et dans l'écoute.

C'est en gratitude d'abord que nos cœurs te parlent ; nous te remercions pour ce qui s'est passé, pour nous et pour le monde, dans cette existence, achevée et inachevée. Elle est achevée, et nous tenons à exprimer, dans le silence où chacun se parle et te parle, combien nous avons reçu et peut-être aussi insuffisamment exprimé le prix qu'avait cette vie pour chacun d'entre nous. Elle est inachevée, non seulement parce que la mort coupe toujours à l'inattendu, mais aussi parce que cette vie, comme chacune de nos vies, a été insuffisante, loyale et pardonnée. Ô Dieu, aux jours des ruptures, mets-nous en disponibilité de gratitude attentive, car tu es le Dieu qui dresse la constance de la mémoire contre le naufrage de l'oubli.

C'est en deuil que nous te parlons maintenant. Nous sommes dans le manque radical qu'est pour nous la mort. Nous ne pouvons ni ne voulons en diminuer l'étreinte. Comme les disciples de ton fils, au soir où Jésus est mort, nous n'avons rien d'autre à faire qu'à nous taire et à pleurer. Nous sommes, quel que soit notre âge, notre habitude ou notre premier désarroi, des amputés, qui ont perdu un membre et en ressentent la longue plaie. Ô Dieu, aux jours des solitudes laisse-nous libres de perdre cœur, car tu es, toi, le Dieu vivant, unique parmi tous les dieux, le seul qui a connu la douleur de perdre son unique enfant. Tu es, toi le Dieu de la vie, le seul dieu qui a vécu le deuil.

C'est aussi, encore, toujours, dans l'écoute que nous voulons maintenant nous remettre. Nous ne savons pas bien quel est le sens de l'au-delà et ta Bible ne nous renseigne guère sur la destinée des morts. Mais tu l'as dit, avec une inlassable répétition : un jour vous verrez celui en qui vous avez cru. Un jour, le dernier jour, mon Royaume viendra pour le relèvement de tous les morts. Un jour, le dernier jour, tous ressusciteront comme Jésus-Christ autrefois a revêtu son corps glorieux après avoir vécu sa chair mortelle. Tout ceci nous dépasse, comme la vérité dépasse la réalité. Ô Dieu, aux jours de la mémoire et du silence, introduis-nous aussi dans la longue houle de ton espérance, prends nos vies inachevées et cette vie inachevée pour la conduire et nous conduire avec elle à l'achèvement que tu nous as promis à tous. Tu es toi le Dieu de la mémoire et du deuil. Tu es aussi le Dieu de la victoire sur la mort au travers de la mort. Que ton fils Jésus-Christ soit notre accompagnement dans les trois dimensions de nos vies : la reconnaissance de la mémoire, la brisure du deuil et l'attente de la promesse. Amen.

Annoncer l'Évangile

Notre Dieu, annonce-nous l'Évangile comme une nouvelle bonne, qui chaque année et chaque matin résonne plus fort que le destin et le déclin, plus clair que l'incertitude et l'ambiguïté, plus juste que les idoles, les idées et les idéologies, plus vrai que les tragédies et les utopies.

Ton Évangile n'est pas un mythe, forgé par les hommes, pour s'expliquer l'inconnu. Ton Évangile n'est pas un conte, inventé par les hommes, pour bercer leurs frayeurs et combler leurs désirs. Ton Évangile n'est pas une tradition, pour fournir une identité à un groupe et doter de grands ancêtres des orphelins fragiles. Ton Évangile n'est pas une ancienneté que l'on se répéterait le dimanche matin, comme une comptine et une ritournelle.

Ton Évangile est une surprise, car il serait tout de même plus normal que chacun reste à sa place, les hommes seuls ici et les dieux seuls ailleurs. Ton Évangile est la surprise de la promesse faite à Abraham et à David, de la parole tenue en Jésus-Christ, de la parole attendue jusqu'au Royaume. Ton Évangile est toujours une surprise pour nos vies habituées à l'ensevelir.

Ton Évangile est une emprise, car il serait tout de même plus commode que personne ne nous commande d'aimer Dieu plus que l'argent, le désir ou le désespoir et que personne ne nous ordonne d'aimer nos prochains comme nous-mêmes. Ton Évangile est l'emprise de ta main sur nos vies, de ta parole sur nos pensées, de ta loi sur nos actions. Ton Évangile est toujours une emprise sur nos vies habituées à éviter.

Ton Évangile est une reprise, car il serait tout de même plus tentant de filer ailleurs que là où nous avons commencé, de laisser filer la foi en infidélité, la confiance en inconstance, la persévérance en délaissement. Ton Évangile est une reprise incessante de nos vies, comme toi tu t'es sans cesse repris à secouer le monde, à lancer ta parole, à livrer ta vie.

Notre Dieu, si nous savons nous laisser annoncer l'Évangile, nous pourrons facilement le laisser s'annoncer aux autres au travers de nos vies surprises, saisies et recommencées. Amen.

Nous prions pareillement
le Père, le Fils et l'Esprit Saint

Dieu trinitaire, nous te prions, car tu es l'unique Dieu, qui crée les hommes pour les appeler, qui vient aux hommes pour les réconcilier, qui travaille chez les hommes pour les sauver. Toi seul es vraiment Dieu dans la triple présence de ton unique réalité. Toi seul tu réfutes les dieux trop distants de nous et les dieux trop confondus avec nous. Toi seul, tu es le soleil, le rayon et le regard. Toi seul tu es le Dieu vivant, toi seul. Dieu trinitaire, unique parmi tous les dieux et pour tous les hommes.

Nous te prions. Dieu le Père qui parle et qui lance, qui lutte et qui bénit. Tu tiens tête au chaos. Chaque jour tu mets ta bénédiction, paternelle et maternelle, au-dessus et au travers de l'abîme et du destin. Nous te remercions de précéder, d'entourer et de renouveler nos vies. Par toi nous voulons bien être adoptés comme les enfants de l'amour, en passion et en patience.

Nous te prions, Dieu le Fils qui vient et qui montre, qui guérit et qui subit, qui relève et qui élève tout homme qui le choisit comme frère, sauveur et

Seigneur. Tu tiens tête au péché. Chaque jour tu mets ta réconciliation fraternelle au-dessus et au travers de l'oubli et de la haine. Nous te remercions de visiter, de bousculer et de fortifier nos vies. De toi nous voulons bien être les frères cadets, en confiance et en puissance.

Nous te prions, Dieu l'Esprit Saint, qui engendre et qui travaille, qui défend et qui console, qui rassemble et qui éclaire tous les hommes qui te choisissent comme avocat et compagnon. Tu tiens tête à l'inertie. Chaque jour tu mets ton salut au travers et en avant de la lassitude et de l'illusion. Nous te remercions de féconder et de parfaire nos vies. Avec toi nous voulons bien aller dans l'histoire vers ton Royaume.

Dieu trinitaire, c'est toi seul que nous prions, car toi seul es notre Dieu. Tous les autres, les prophètes et les apôtres, Jean-Baptiste et Marie, les saints et les témoins, les anges et les élus sont nos compagnons de foi et d'espérance et d'amour. Toi seul tu es le Dieu vrai pour tous les hommes. Amen.

Prier c'est causer

Le simple bon sens humain et le vrai bon sens biblique nous apprennent tous deux ce que la prière ne peut évidemment pas être. Car, avant même de prier, il faut clairement se redire ce que nous n'avons pas l'intention de faire, tout comme Jésus a fait précéder le Notre-Père d'un avertissement sur les fausses manières et raisons de prier, les fausses manières de ceux qui veulent se montrer pieux, méditatifs, intérieurs, consacrés, les fausses raisons de ceux qui s'imaginent qu'ils vont pouvoir informer, fléchir, forcer, utiliser Dieu. Les premiers, Jésus les appelle hypocrites et les seconds païens (Matthieu 6,5-8).

Nous n'avons pas l'intention de nous montrer meilleurs que ceux qui ne prient pas. Ils ont leurs raisons pour ne pas prier dont la plus simple, la plus décisive, celle que l'on voudrait toujours contourner est que, selon eux, Dieu n'existe pas et qu'il y a un grain de folie, superstitieuse et subjective, à vouloir faire comme si l'on parlait à quelqu'un d'autre qu'à soi-même! Si la prière cherche à faire croire que l'on a des relations intimes avec le vide, mieux vaut évidemment ne pas prier qu'accumuler les effusions nuageuses. L'hypocrisie est toujours le déguisement que l'on rajoute au creux pour le faire apparaître plein. Nous ne prions donc pas, pour étaler notre piété supposée.

Nous n'avons pas non plus l'intention de prier pour obtenir spirituellement ce que nos moyens humains ne nous permettent pas matériellement. Nous n'utilisons pas la prière comme une technique de l'invisible, qui relaierait les défaillances des techniques du visible. La prière n'est pas une ressource d'énergie transcendantale ni un afflux de potentiel métapsychique. Tout cela, avec un bon sens abrupt, qui déroute chez celui qui s'appelle la lumière, le chemin et la vie du monde, Jésus l'appelle tranquillement paganisme. Non pas qu'il condamne les païens, mais tout simplement parce qu'ils s'imaginent à tort Dieu comme un dormeur céleste, qu'il faudrait arriver à réveiller et à capter. Nous ne prions pas pour fléchir un Dieu, supposé sourd et aveugle.

Mais alors pourquoi prier, si l'on ne se montre pas plus pieux et si l'on n'obtient rien de plus en le faisant ? A force de vouloir traquer toutes les mauvaises raisons que l'on pourrait avoir de prier, nous reste-t-il une seule bonne raison pour le faire, quand même ?

J'avancerai une seule réponse : Dieu souhaite que l'homme cause avec lui, exactement comme un ami cause avec un ami, dans cette « connaissance face à face » que Moïse pratiquait avec Dieu (Deuté-

ronome, 34,10). La prière est l'attestation que
l'homme donne à Dieu de son attention à lui. Par la
parole, Dieu se montre communicatif et non énigmatique, allié et non étranger, personne vivante et
non destin muet, accès et non tabou, révélation et
non dérobade. Par sa nature de parole Dieu devient
Dieu pour l'homme, alors que la vie et l'énergie,
l'idée et la matière, l'évolution et l'épuisement ne
sont que des phénomènes autour de l'homme, où nul
ne parle, même quand s'y montrent la grandeur, la
beauté et la profusion du monde Si Dieu est la
parole, l'homme est la prière, non pas au sens de
la dévotion du sacré, ni de la manipulation du
divin, mais de la compagnie exprimée. Quand
l'homme prie, Dieu sait que l'homme lui tient compagnie, en cette vie, où seule la manifestation des
égards laisse entendre que nous comptons les uns
pour les autres.

Nous pouvons aller plus loin dans cette analyse de
la causerie. Dans la Bible, Dieu se montre extrême-
ment proche. Les hommes auxquels il s'adresse
n'éprouvent aucune gêne à le tenir pour leur propre
confident. Mais, en même temps, Dieu est extrême-
ment autre, puisqu'il est totalement invisible. Il ne
peut se circonscrire, ni se laisser prendre en aucune
figure. Dieu est aussi totalement invisible que l'est
toute parole qui va et vient, dont nous ne capturons
jamais le passage et dont nous ne voyons qu'inci-
demment les effets, quand cette parole est entrée en
causerie, la Bible dit volontiers en prophétie, avec
une vie. Entre les hommes aussi la parole est le lieu

de la plus grande intimité. C'est elle qui met un nom sur l'ambiguïté des sentiments, l'indécision des vouloirs et l'hésitation des pensées. Nous nous répétons les mots qui ont été dits, pour devenir plus sûrs que nous n'avons pas seulement vogué dans le brouillard des fantasmes. Le pouvoir des mots est de découper une communication, en vue d'une communion (ou d'une opposition) dans la matière molle et opaque des bruits. Mais la parole d'homme à homme est aussi le lieu de la plus grande invisibilité, car elle ne me tend rien d'autre qu'une présence qui s'en vient et s'en va, sans que je puisse jamais arrêter la vie du mot jusqu'à en faire un enclos possédé. Sinon, le mot deviendrait ma chose, alors même que celui avec lequel je l'ai échangé aurait peut-être déserté cette chose désormais inerte. Dieu avec l'homme, l'homme avec l'homme vivent en analogie réciproque. Parole et prière sont des intimités circulantes, mais aussi des invisibilités insaisissables. Par ce qui arrive de l'homme à l'homme nous comprenons la nature particulière de ce Dieu qui est une face, totalement proche, totalement invisible, la spontanéité d'une confiance et la liberté d'une vie.

J'ai employé un mot familier : causer. Il correspond bien, me semble-t-il, au caractère de la prière, qui ne s'astreint pas à la solennité des formules, mais à la permanence du contact. En causant on perd du temps par rapport à l'action, sans doute aussi par rapport à la réflexion, mais on gagne du temps contre la solitude et la fermeture. En causant on déplie sa vie jusqu'à se trouver dans le réconfort de l'intimité et dans l'ampleur de la compréhension. Une causerie n'est ni une déclaration, ni une exhortation, ni un discours. Elle est parcours à bâtons rompus des cœurs qui se répandent et qui se répondent. Il n'y a pas d'ordre préétabli dans une causerie. Il y a des mouvements divers qui correspondent à la succession des humeurs, des émotions et des résolutions. Une causerie n'a de valeur que si elle est franche, embarrassée souvent, brutale parfois, attentive toujours.

Les Psaumes, par exemple, sont des causeries. Nous nous étonnons toujours de voir la brusquerie avec laquelle tantôt ils gémissent, tantôt ils exultent, tantôt ils accusent, tantôt ils protestent. Cette brusquerie désordonnée, ébouriffée, abrupte leur donne le ton de la confidence confiante. Certes on peut les classer en quatre grands genres, l'adoration, l'intercession, la repentance, l'action de grâces, mais le psautier s'est bien gardé de répartir ses livres selon ce découpage systématique. Il y a des prédominances. Il n'y a jamais des thématiques rigoureuses. Le psautier ne chemine pas comme une liturgie cultuelle, avec ses grandes étapes, adoratrices, demanderesses, pénitentielles et reconnaissantes. Parce qu'il est un livre de prières attribuées à quelques grands patronymes, et tout spécialement à David, le roi de la harpe et de la danse, le roi de la passion et de l'aveu, le roi de la conquête et de la détresse, le roi de la gloire et de la grâce, le psautier reste une collection de causeries imprévisibles.

Toutes proportions gardées, ce petit livre de cent prières se comporte pareillement. Il commence par l'*éloge*, car celui qui **ne** pense pas à s'étonner, à détailler, à saluer n'entrera jamais en causerie. Il continue par des *précautions*, tant nos vies demeurent plus fragiles que nos phrases, tant la prudence est sœur de la louange. La *détresse* survient, car nous n'en avons jamais fini avec Dieu, avec le monde, avec nous-mêmes. Viennent aussi les *lueurs* du bonheur, si causer la vie redouble ses faveurs, ses couleurs et ses odeurs. Des *liturgies* achèvent, puisqu'en priant le « je » dit aussi « nous » et le « nous » dit aussi « je », puisque l'Église à la fois nous porte à la pointe de nous-mêmes et nous met en communion avec tous.

La prière n'est ni une épopée, ni une élégie. Elle demeure une causerie. Elle en garde le ton inchoatique et inachevé. Son amen final n'est pas une conclusion, mais la brusque décision de clore, pour aller vivre. C'est le oui de celui qui arrête et qui s'arrête, car s'il en disait plus, sa causerie se diluerait en bavardage et sa surabondance étoufferait sa communication. Amen : autant dire, oui, c'est ainsi et c'est assez.

Dans le titre, comment comprendre l'adjectif : « prières possibles » ? La prière n'est pas indispensable. Nous en ferions sinon une mystérieuse obligation qui porterait tort à la liberté de celui qui a envie de causer avec Dieu, comme à la liberté de celui qui n'y a pas cœur (et souvent il s'agit de la même personne, en des moments différents).

Mais la prière est possible. Elle n'est pas inaccessible. Elle ne requiert pas de préalables ni spirituels, ni dogmatiques, ni liturgiques. Elle s'apparente à la spontanéité du cri, même quand elle cherche à entrer dans la considération plus globale des louanges, de l'examen de la vie, de l'aveu des fautes et de la mémoire des dons. En ce sens-là, la prière n'est pas une obligation pesante, et tourmentante. Elle est un commandement, possible. « Oui, le commandement que je te donne aujourd'hui n'est pas trop difficile pour toi ; il n'est pas hors d'atteinte. Il n'est pas au ciel, on dirait alors : « Qui va, pour nous, monter au ciel nous le chercher et nous le faire entendre pour que nous le mettions en pratique ? » Il n'est pas non plus au-delà des mers ; on dirait alors : « Qui va, pour nous, passer outre-mer nous le chercher et nous le faire entendre pour que nous le mettions en pra-tique ? » Oui, la parole est toute proche de toi. Elle est dans ta bouche et dans ton cœur, pour que tu la mettes en pratique » (Deutéronome, 30,11-14).

Acceptons ainsi que la prière soit possible pour quiconque aime causer sa vie et le monde, ses joies et ses détresses, ses hésitations et ses décisions, ses élargissements et ses rétrécissements, sa mémoire et son attente, bref tout ce qui nous traverse, nous épuise et nous remplit le cœur.

Mais, encore une fois, pourquoi en causer à Dieu ?

J'ai déjà donné une première réponse radicalement théocentrique, radicalement à l'intention de Dieu, tout comme le premier commandement est le grand commandement : « Tu aimeras le Seigneur ton Dieu de tout ton cœur, de toute ton âme et de toute ta pensée », même si le second commandement est aussi important que le premier « Tu aimeras ton prochain

comme toi-même » (Matthieu, 22,36-39), tout comme
les cinq premiers commandements du Décalogue
parlent de l'attribution de l'honneur à Dieu, alors
que les cinq qui suivent parlent de l'application de
l'honneur à l'homme (Exode 20,3-17, Deut 5,6-21),
tout comme les trois premières demandes du Notre-
Père célèbrent, appellent et ratifient Dieu, alors que
les trois qui suivent crient, avouent et protègent
l'homme (Matthieu, 6,9-13, Luc, 11,2-4). Dieu
vient d'abord dans la prière, comme dans la foi et
dans la loi, pour une étrange raison qui n'a rien à
faire avec le besoin, maladif et narcissique, qu'aurait
Dieu de se faire d'abord servir par l'homme et de ne
lui donner ensuite qu'en raison de cette priorité sou-
veraine. Le Dieu de la Bible, de Moïse, de David et
de Jésus-Christ est tout au contraire un Dieu anthropocentrique. Le Dieu de la Bible est décentré vers
l'homme par la passion de son élection et la patience
de son alliance. Ce Dieu a une histoire d'amour avec
l'humanité. Comme tout amoureux, il a désormais
son cœur ailleurs qu'en lui-même. Mais justement ce
Dieu-là veut savoir si cet amour est réciproque, ou
s'il s'agirait seulement d'un fantasme solitaire que
Dieu se ferait au-dedans de lui-même. Sur cet
homme, si totalement libre que son esprit, son cœur
et sa vie peuvent toujours aller ailleurs que vers celui
qui l'aime désormais plus que la préservation de sa
propre vie, de son unique parole, de son fils unique.
La prière vient rassurer Dieu sur sa non-solitude et
sur le caractère réciproque de son amour envers
l'homme. La prière ne sert d'abord à rien d'autre qu'à

rassurer Dieu sur la réalité de notre amour envers lui, tout comme une parole d'amour ne sert à rien d'autre qu'à rassurer celui qui commence à douter qu'il y ait encore et toujours l'accord des cœurs. Un mot, un regard, un geste, une attention suffisent pour que se rétablisse la complicité, qui est l'aimantation amoureuse de la liberté.

C'est ainsi qu'un Dieu, totalement anthropocentrique, attend un homme, résolument théocentrique, alors que les maladies de l'amour, qui toujours nous guettent, sont la captivité de la passion non partagée et la complaisance indifférente de la coquetterie tyrannique, en langage plus théologique, l'esclavage et l'autoglorification, ou encore l'enfer de l'abandon et le ciel de la suffisance. Prier Dieu, c'est lui donner la gloire, l'attention, et l'honneur qui ne peuvent désormais lui venir que de nous.

Il est encore une seconde réponse. Quand je prie vraiment Dieu et non pas ma propre introspection, ni même la solidarité ou la fraternité humaine, il arrive que je me dépouille du superflu et que je me concentre sur l'essentiel.

La parole, et le silence quand il est la main serrée de la parole sur elle-même, ne cherche plus ni à informer, ni à expliquer, ni à emmêler, ni à justifier, comme nos paroles d'hommes le font trop souvent entre nous. Dieu sait déjà tout. «Notre Père sait ce dont vous avez besoin, avant que vous le lui demandiez» (Matthieu, 5,8). Mais il ne sait pas si nous voulons vraiment le lui demander. «Demandez, on vous donnera; cherchez, vous trouverez; frappez, on vous ouvrira» (Matthieu, 7-7). La prière c'est l'acte par lequel j'atteste à Dieu le monde, l'Église et moi-même. C'est pourquoi une prière est à la fois un dépouillement des préalables inutiles et une attestation de la demande utile. Dans une prière on s'amaigrit du bavardage et on consent à l'expression. On frappe. On crie. On parle à une oreille qui ouvre le mutisme de notre vie. Qu'il s'agisse de l'oreille de Dieu veut dire que nous avons là une oreille juste, forte et bonne, si bien qu'en priant nous devenons nous-mêmes moins confus, moins compliqués, moins tortueux. «Qui d'entre vous, si son fils lui demande du pain, lui donnera une pierre? Ou s'il demande un poisson, lui donnera un serpent? Si donc vous, qui êtes mauvais, savez donner de bonnes choses à vos enfants, combien plus votre Père qui est aux cieux, donnera-t-il de bonnes choses à ceux qui le lui demandent» (Matthieu, 7,9-11). La prière à Dieu forge l'homme. Elle chasse les scories de notre introversion et notre explication. Elle fait apparaître le métal de notre demande et de nos attestations.

Ainsi, la prière rend l'homme consistant devant Dieu. Par l'énonciation, ample et concentrée, énumérative et sobre, audacieuse et démunie, à laquelle elle oblige les oublis, les myopies et les timidités de notre cœur, la prière donne un squelette à notre être, en le débarrassant de la fausse pudeur de nos carapaces et en le délivrant de la graisse molle de nos fluctuations. Le corps peut prier debout, déployé comme un arbre qui a ses assises au profond du sol et ses branches au large du vent; à genoux, serré comme un animal qui concentre sa force des bras aux genoux, du front au ventre ; allongé, aussi comme une plante, peut-être comme une pierre, qui repose en ses points d'appui. La posture du corps est indice de la consistance de l'âme. La prière devient l'armature d'une vie qui n'est pas inerte, ni effrayée mais attentive et ranimée. On trouvera une bonne confirmation, par l'absurde, de ce qu'est la prière dans cette confidence étrange du célèbre philosophe du langage Ludwig Wittgenstein : « Je ne peux me mettre à genoux pour prier parce que, pour ainsi dire, mes genoux sont raides. J'ai peur de la dissolution (de ma propre dissolution), si je commençais à me ramollir [1]. » N'y a-t-il par là un double avertissement, contre les alanguissements creux et bavards de la prière, quand elle se prie elle-même, mais aussi contre les endurcissements, hautains ou amers, de celui qui ne veut rien demander, fût-ce à Dieu.

Ce qui donne consistance a aussi des contours et ne s'étend pas comme une tache d'huile. Entrer dans la prière veut dire aussi s'arrêter de prier, pour vivre et faire ce que la prière, salue, médite, redoute et célèbre, tout comme le squelette n'est encore rien, tant qu'il n'est pas recouvert de nerfs, de viande, de peau et de sens, c'est-à-dire de vie.

Prier, comme causer, c'est beaucoup. Sans ce beaucoup nous demeurons en solitude expressive, quelles

---

1. L. Wittgenstein, *Vermischte Bemerkungen*, Francfort. Suhrkamp, 1977, p. 109, cité par Jean Greisch, *Le Rite*, p. 95, Beauchesne, Paris, 1981.

que soient nos multiples activités productives. Mais prier n'est pas tout.

Pourquoi donc prier?

Pour épauler Dieu. Pour dresser et redresser l'homme.

Table

Table 225

IV. *Lueurs*

DU MÊME AUTEUR

Théologies politiques et vie de l'église, Châlet, 1977.

Nommer Dieu, Le Cerf, 1980.

Protestants, Les bergers et les mages, 1987.

Les Vertus... encore, DDB, 1989.

Marie de Nazareth, Labor et Fides, 1989.

Les Mémoires nécessaires, en collaboration avec Éric Fuchs
    et Michel Bouttier, Labor et Fides, 1996.

« *Espaces libres* »
au format de poche

La composition de cet ouvrage
a été réalisée par l'Imprimerie Bussière,
l'impression et le brochage ont été effectués
sur presse Cameron dans les ateliers
de Bussière Camedan Imprimeries
à Saint-Amand-Montrond (Cher),
pour le compte des Éditions Albin Michel.

Achevé d'imprimer en octobre 2000.
N° d'édition : 19317. N° d'impression : 1811-003319/1.
Dépôt légal : novembre 2000.